DIPL. OEC. TROPH. CORA WETZSTEIN

Blutzucker runter in 4 Wochen

Der erfolgreiche Ernährungsplan mit 60 einfachen und leckeren Rezepten

humboldt

INHALT

VORWORT

Liebe Leserin, lieber Leser,

du kommst gerade vom Blutcheck bei deinem Arzt oder deiner Ärztin und bekommst gesagt: „Ihr Blutzucker ist zu hoch"? Damit bist du nicht allein. Bei rund 10 Prozent aller Deutschen hat sich dieser permanent zu hohe Blutzuckerwert inzwischen in einer Krankheit manifestiert, die die Lebensqualität drastisch verschlechtert: Diabetes Typ 2. Das sind rund acht Millionen Menschen. Menschen, deren Körper nur unzureichend oder überhaupt nicht mehr in der Lage ist, den Zucker, der über die Nahrung im Blut ankommt, aus eigener Kraft in die Zellen zu transportieren. Und das sind nur die Worst-Case-Fälle. Menschen wie du, bei denen erst einmal nur der Blutzuckerwert verdächtig ist, tauchen in dieser Statistik gar nicht auf.

Meist mit im Gepäck von zu hohen Blutzuckerwerten sind Herz-Kreislauf-Erkrankungen (z. B. Bluthochdruck), erhöhte Blutfett- und Harnsäurewerte, Übergewicht oder Adipositas. 57 Prozent der deutschen Erwachsenen sind zu dick, 15 Prozent der Kinder und Jugendlichen. Laut der Weltgesundheitsorganisation WHO haben Übergewicht und Adipositas in Europa inzwischen ein epidemisches Ausmaß erreicht.

Wie entsteht Übergewicht? Durch ein Zuviel an Energie, das über die Nahrung aufgenommen wird. 80 Prozent aller industriell hergestellten Lebensmittel sind mit Zucker angereichert. Sogar Produkte, bei denen man es gar nicht vermutet: gekochter Schinken, Tiefkühlpizza oder Heringssalat. Sie alle liefern mehr Energie, als nötig wäre, lassen deinen Blutzuckerspiegel über die Maßen ansteigen, führen in eine Heißhungerspirale und damit in einen Teufelskreis aus entgleistem Blutzuckerspiegel, zu vielen Kilos auf den Rippen und allen Risiken, die damit einhergehen.

Da wollen wir lieber die Bremse ziehen, oder? Das Tolle an der Sache ist ja, dass du selbst am Steuer und damit am Bremspedal sitzt. Ist also eine Vollbremsung angesagt? Nein, das wäre zu gefährlich. Wir bremsen sanft und stoppen deine Stoffwechselentgleisung ohne Risiken und Nebenwirkungen.

Komm mit auf mein vierwöchiges Trainingsprogramm! Lerne die Stoffwechselzusammenhänge in deinem Körper kennen und verstehen und setze nach und nach die Praxisübungen dazu um. In kleinen, aber effektiven Schritten regulierst du so deine Blutzuckerkurve nach unten, und vielleicht ist schon der nächste Besuch mit einem „Daumen hoch“ von deiner Ärztin oder deinem Arzt verbunden.

Viel Spaß beim Lesen, Ausprobieren, Genießen und Dranbleiben wünscht dir

Cora Wetzstein

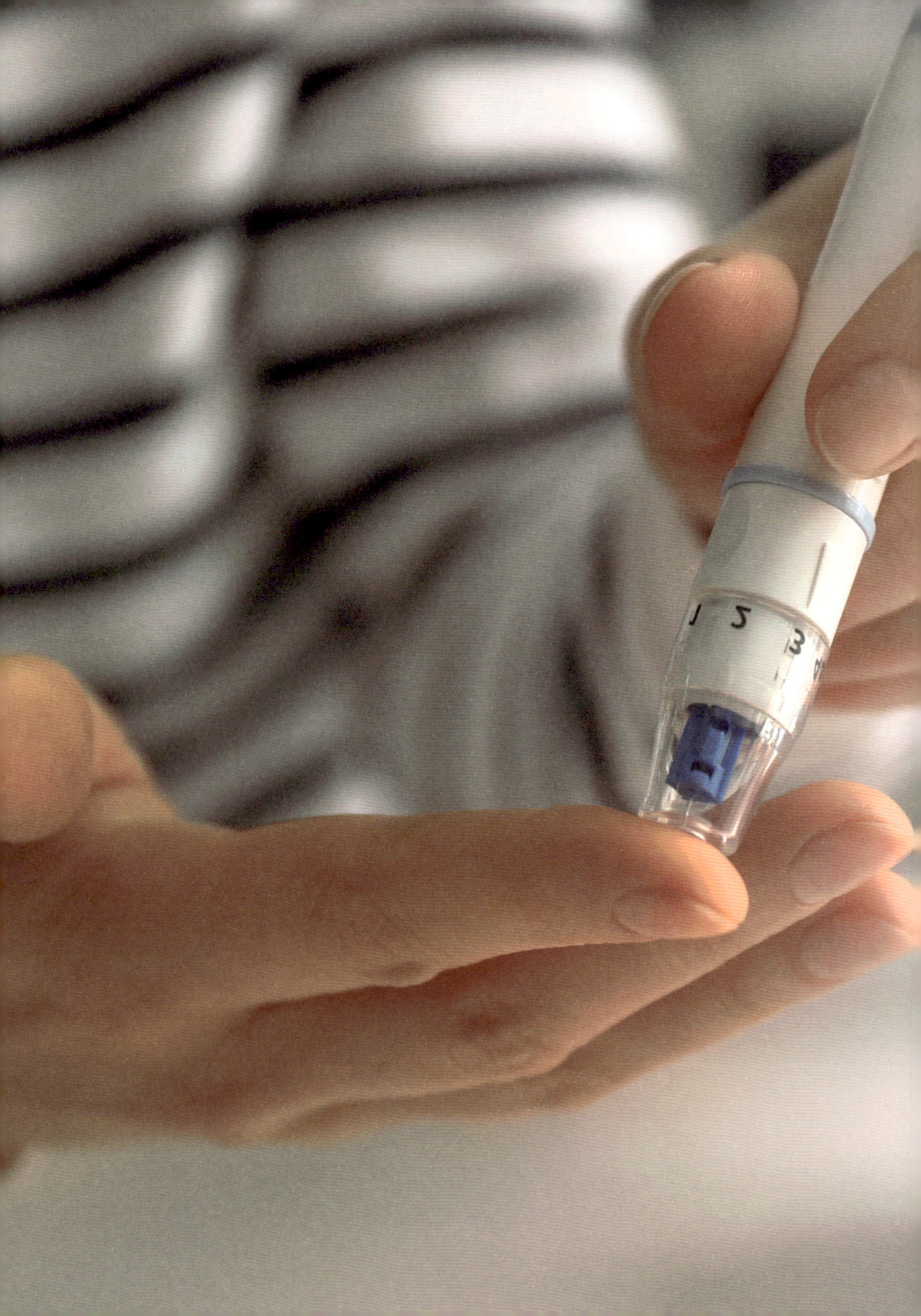

HOHER BLUT-ZUCKER: WAS BEDEUTET DAS?

Er ist nur ein Stellschräubchen in unserem Organismus. Gerät der Blutzuckerwert jedoch regelmäßig aus den Fugen, zieht das eine ganze Kette an Stoffwechselentgleisungen hinter sich her.

Lies auf den folgenden Seiten, welche Auswirkungen zu hohe Blutzuckerwerte auf deinen Körper haben, was deine Ernährung damit zu tun hat und was du dagegen machen kannst.

Alle Begriffe – einfach erklärt

Je länger du deinem Arzt oder deiner Ärztin zuhörst oder im Internet surfst, umso mehr klingeln dir die Ohren wegen der vielen medizinischen Begriffe, die im Zusammenhang mit dem Wort Blutzucker genannt werden? Kein Wunder! Das Thema ist komplex und hat viele Ansatzpunkte. Darum erkläre ich dir jetzt erst einmal das Wichtigste, bevor wir weiter in die Tiefe gehen.

Der Blutzuckerwert sagt aus, wie viel Zucker in Form von Glukose im Blut in gelöster Form vorliegt.

Blutzuckerwert

Der Blutzuckerwert sagt aus, wie viel Zucker in Form von Glukose (siehe weiter unten) in deinem Blut in gelöster Form vorliegt. Die Werte misst das Labor in Milligramm pro Deziliter (mg/dl) oder Millimol pro Liter (mmol/l). Bei einem gesunden Menschen liegen die Blutzuckerwerte acht bis zehn Stunden nach einer Mahlzeit zwischen 60 und 100 mg/dl (3,3–5,5 mmol/l). Man nennt diesen Wert auch Nüchternblutzucker. Kurze Zeit nach einer Mahlzeit steigt die Blutzuckerkonzentration auf 90–140 ml/dl (5,0–7,8 mmol/l) an.

Langzeitblutzuckerwert/HbA1c-Wert

Da diese Blutzuckermessung nur eine Momentaufnahme ist, bestimmt deine Ärztin oder dein Arzt etwa einmal im Vierteljahr den HbA1c-Wert. Man nennt ihn auch Blutzuckergedächtnis oder Langzeitblutzuckerwert, weil er die durchschnittliche Zuckerkonzentration in den vergangenen drei Monaten abbildet. Das Ergebnis wird in Prozent oder Millimol pro Mol (mmol/mol) angegeben. Wer nicht an Diabetes erkrankt ist, sollte auf einen Wert von etwa 5,7 % (39 mmol/mol) hinarbeiten. Das schaffst du mit diesem Buch!

Glukose

Glukose ist ein anderes Wort für Traubenzucker, der auf Zutatenlisten von Lebensmitteln auch häufig als Dextrose ausgewiesen ist. Dabei handelt es sich um einen sogenannten Einfachzucker (Monosaccharid). Glukose steckt in vielen Lebensmitteln. Deine Körperzellen nutzen das Molekül, um daraus Energie zu gewinnen. Dein Gehirn allein verbrennt jeden Tag 130–140 g Glukose.

Glukose gehört zu den Kohlenhydraten. Diese sind zusammen mit Eiweiß und Fett die Hauptnährstoffe, die deinen Körper mit Energie versorgen.

Kohlenhydrate

Kohlenhydrate gehören zu den drei Hauptnährstoffen, die deinen Körper mit Energie versorgen. Diese Energie brauchst du, um zu atmen, zu laufen, zu denken, zu schlafen, zu arbeiten ... um zu leben. 1 g Kohlenhydrate liefert 4 kcal. Die anderen beiden Hauptnährstoffe sind Eiweiß, auch Protein genannt (4 kcal pro 1 g), und Fett (9 kcal pro 1 g).

Kohlenhydrate bestehen aus Zuckermolekülen, die entweder einzeln (Einfachzucker oder Monosaccharide), im Doppelpack (Zweifachzucker oder Disaccharide) oder in längeren Ketten (Mehrfachzucker/Oligosaccharide aus drei bis neun Zuckermolekülen oder Vielfachzucker/Polysaccharide aus mindestens zehn Zuckermolekülen) vorliegen.

Glukose ist ein Einfachzucker und kommt als Baustein in Zweifach-, Mehrfach- und Vielfachzuckern vor.

Kurzkettige Zucker schmecken süß, langkettige Zucker nicht. Erst wenn du z. B. ein Stück Vollkornbrot sehr lange gekaut hast, schmeckst du eine leichte Süße im Mund. Dann hat das Verdauungsenzym Amylase die ersten kleinen Zuckermolekülstückchen von den langen Ketten abgespalten.

Die verschiedenen Kohlenhydrate und ihr Vorkommen

ART DER KOHLENHYDRATE	VERTRETER	VORKOMMEN
Einfachzucker (Monosaccharide)	Glukose (Traubenzucker, Dextrose)	Honig, Milch, Kartoffeln, Reis, viele Obstsorten (z. B. Weintrauben, getrocknete Feigen), Gemüse (z. B. Weißkohl, Zwiebel, Möhren, Tomaten)
	Fruktose (Fruchtzucker)	Kernobst (z. B. Äpfel, Birnen), Beeren (z. B. Weintrauben), exotische Früchte (z. B. Granatapfel, Kaki), Honig, Gemüse (z. B. Paprika, Zwiebel), Mais
	Galaktose (Schleimzucker)	Milch und Milchprodukte (als Bestandteil des Milchzuckers), Obst und Gemüse (in freier Form), Hülsenfrüchte (als Bestandteil langer Kohlenhydratketten)
Zweifachzucker (Disaccharide)	Saccharose (Haushaltszucker): Glukose plus Fruktose	Zuckerrohr, Zuckerrüben
	Laktose (Milchzucker): Galaktose plus Glukose	Milch und Milchprodukte
	Maltose (Malzzucker): Glukose plus Glukose	Bestandteil von Stärke, Zuckerrübe, Honig, Malz, Bier
Mehrfachzucker (Oligosaccharide)	Oligofruktosen, Fruktane, Galaktane, Galakto-Oligosaccharide, darunter z. B. Raffinose, Stachyose, Verbascose	Hülsenfrüchte, Kuhmilch, Muttermilch, Topinambur, Pastinaken, Schwarzwurzeln, Roggen, Weizen, Gerste, Fenchel, Zwiebelgewächse
Vielfachzucker (Polysaccharide)	Stärke, Dextrine, Glykogen (Speicherform des Traubenzuckers), Ballaststoffe	(Vollkorn-)Getreide(-produkte), Kartoffeln, Reis, Gemüse, Hülsenfrüchte

Glukosehomöostase

Dieser Begriff bedeutet, dass die Blutzuckerwerte im Gleichgewicht sind. Wenn dein Arzt davon spricht, hat er aber meist herausgefunden, dass dieses Gleichgewicht gestört ist. Entweder produziert deine Bauchspeicheldrüse dann zu wenig Insulin oder deine Körperzellen reagieren nicht mehr auf das Insulin im Blut (gleich mehr dazu).

Insulin

Insulin ist ein Hormon, das in der Bauchspeicheldrüse produziert und immer dann ausgeschüttet wird, wenn Zucker, den du gegessen hast, vom Dünndarm ins Blut übergeht. Die Aufgabe des Insulins ist es, die Zuckermoleküle aus dem Blut vor allem in Muskel-, Leber- und Fettzellen zu schleusen, wo sie für die Energiegewinnung benötigt werden.

Dabei fungiert das Insulin wie ein Schlüssel. Es dockt an die Insulinrezeptoren der Zelloberfläche an und öffnet so für die Zuckermoleküle die Türe ins Zellinnere. Das führt dazu, dass der Blutzuckerspiegel nach einer Mahlzeit wieder absinkt. Außerdem hat das Hormon Einfluss auf das Appetitempfinden und hemmt die Fettverbrennung, solange es im Blut unterwegs ist.

Insulinresistenz

Ist man von einer Insulinresistenz betroffen, reagieren die Körperzellen weniger empfindlich auf das Hormon Insulin. Das hat zur Folge, dass weniger Zucker in die Zellen gelangt und stattdessen im Blut zurückbleibt. Der Blutzuckerspiegel kann also nicht wie im gesunden Stoffwechsel abgesenkt werden. Hält eine Insulinresistenz längerfristig an, kann sich daraus Diabetes Typ 2 entwickeln.

> Ist man von einer Insulinresistenz betroffen, reagieren die Körperzellen weniger empfindlich auf das Hormon Insulin.

Das geschieht so: Um die herabgesetzte Insulinwirkung auszugleichen, produziert die Bauchspeicheldrüse immer mehr Insulin. Irgendwann belastet die permanente Überproduktion die dafür verantwortlichen Betazellen in der Bauchspeicheldrüse so sehr, dass sie ermüden und letztlich kaputt gehen. Dann entwickelt sich ein Diabetes Typ 2 (mehr dazu auf Seite 15).

Aber wie entsteht eine Insulinresistenz? Sie kann vererbt werden. Sind enge Verwandte an Diabetes Typ 2 erkrankt und kommen dazu noch Risikofaktoren wie Übergewicht, Fehlernährung, Stress, Rauchen oder Bewegungsmangel, ist das Risiko doppelt so hoch, selbst insulinresistente Körperzellen zu bekommen, die nicht mehr angemessen auf die Signale des Insulins reagieren.

Konkrete Symptome hat eine Insulinresistenz nicht. Erhöhte Triglyzerid- oder niedrige HDL-Cholesterinwerte im Blut, zu viel Bauchfett, Bluthochdruck, ein erhöhter Blutzuckerspiegel oder Diabetes-Typ-2-Erkrankungen bei Eltern oder Geschwistern können jedoch ein Hinweis auf eine Insulinresistenz sein. Je mehr dieser Faktoren bei dir zutreffen, desto höher ist die Wahrscheinlichkeit für eine Insulinresistenz.

Anhand des sogenannten HOMA-Index und des Proinsulinwertes (Proinsulin ist eine Vorstufe von Insulin) kann eine Insulinresistenz nachgewiesen werden.

Hyperglykämie

Hyperglykämie heißt Überzuckerung. Davon ist die Rede, wenn dein Blutzuckerspiegel Werte von über 250 mg/dl (13,9 mmol/l) aufweist. Liegen die Werte extrem hoch, besteht das Risiko für ein diabetisches Koma – und das ist lebensgefährlich. Treten zusätzlich zum hohen Blutzuckerwert Symptome wie Müdigkeit, starker Durst, erhöhter Harndrang, Sehstörungen, Kopfschmerzen, Krämpfe und Übelkeit auf, gibt es nur eine Maßnahme: Ab ins Krankenhaus!

Hyperglykämien treten hauptsächlich bei diabeteskranken Menschen auf oder bei Personen, welche die Insulinempfindlichkeit der Zellen verringernde oder stark blutzuckersteigernde Medikamente einnehmen.

Glykämischer Index (GI)

Der glykämische Index ist ein Anhaltspunkt für dich, wie schnell ein Lebensmittel deinen Blutzuckerspiegel in die Höhe treibt. Je niedriger der GI einer Speise, desto langsamer und geringer ist der Zuckeranstieg im Blut. Traubenzucker (Glukose) hat einen GI von 100 und gilt damit als Referenzwert für die Bewertung aller anderen Nahrungsmittel. Lebensmittel mit Werten unter 60 haben einen niedrigen glykämischen Index, zwischen 60 und 84 ist der GI mittelhoch und ab 85 hoch.

Der GI zeigt den Blutzuckeranstieg, den 50 g Kohlenhydrate aus einem Lebensmittel innerhalb von zwei Stunden verursachen.

Lebensmittel mit niedrigem und hohem glykämischen Index

KOHLENHYDRATHALTIGE LEBENSMITTEL MIT NIEDRIGEM GI	KOHLENHYDRATHALTIGE LEBENSMITTEL MIT HOHEM GI
Vollkornbrot	Weißbrot
Haferkleiebrot	Brezeln
Pumpernickel	Biskuits
Bulgur	Cornflakes
Frischkornbrei	Loops, Pops, Knuspermüsli
Haferflocken	gezuckerte Müslis
Quinoa	weißer Rundkornreis
Wildreis	Kartoffelgerichte (Pommes, Püree, Backkartoffeln, Chips)
Naturreis	Bananen
Vollkornnudeln	getrocknete Datteln
Äpfel	Wassermelone
Beeren	Kürbis
Orangen	Süßigkeiten

►►

Avocados	Waffeln
alle stärkearmen Gemüsesorten (z. B. Auberginen, Brokkoli, Blattsalat, Gurken, Tomaten, Möhren, Kohl)	Bier
Nüsse	Limonade, Cola
Hülsenfrüchte	Fruchtnektare

Heißhunger

Lebensmittel mit einem hohem GI auf dem Teller lassen den Blutzuckerspiegel rasch ansteigen.

Lebensmittel mit einem hohem GI auf dem Teller lassen den Blutzuckerspiegel rasch ansteigen. Das löst eine hohe Insulinausschüttung der Bauchspeicheldrüse aus. Das Hormon schleust den Zucker aus dem Blut in die Körperzellen. Der Blutzuckerspiegel sinkt rasch ab. Und auf diesen raschen Blutzuckerabfall reagiert dein Körper mit Heißhunger. Bei Heißhunger hast du aber nicht unbedingt Lust auf einen Salat oder ein Vollkornbrot, sondern auf schnellen Zucker, der deinen Blutzucker rasch wieder aus dem Keller holt.

So entsteht ein Teufelskreis aus Mahlzeiten, die hauptsächlich aus schnell verdaulichen Kohlenhydraten bestehen, und Heißhungerattacken: Du isst permanent zu viel, zu oft, zu süß. Das hat auch Auswirkungen auf dein Herz-Kreislauf-System. Denn die viele Glukose im Blut belastet die Blutgefäße und führt langfristig zu Entzündungsprozessen im Gefäßsystem und zu Herz-Kreislauf-Erkrankungen.

Prädiabetes

Das ist die Vorstufe des Diabetes Typ 2. Diese Diagnose erhalten Menschen, die erhöhte Blutzuckerwerte haben, sonst allerdings keine weiteren Symptome. 20 Prozent aller Deutschen sind mittlerweile davon betroffen.

Diabetes

Da das Hauptmerkmal des Diabetes mellitus eine chronische Hyperglykämie ist, nennt man sie auch „Zuckerkrankheit". In Wirklichkeit umfasst die Diagnose Diabetes vielfältige Störungen des menschlichen Stoffwechsels, die nicht nur die Verwertung von Kohlenhydraten, sondern auch die von Fett und Eiweiß betreffen. Dabei spielt das Hormon Insulin, das in den Betazellen der Bauchspeicheldrüse produziert wird, eine wichtige Rolle. Es gibt verschiedene Formen von Diabetes:

- **Diabetes Typ 2** ist die häufigste Form des Diabetes und betrifft rund 90 Prozent der Erkrankten. Typ 2 ist ein erworbener Diabetes, der sehr unterschiedliche Ausprägungen haben kann. Die verschiedenen Stufen von Insulinresistenz und -mangel werden häufig von Symptomen des metabolischen Syndroms (siehe S. 44) wie Bluthochdruck, bauchbetontes Übergewicht und aus den Fugen geratene Blutfettwerte begleitet. Im Volksmund spricht man auch vom Altersdiabetes, obwohl heutzutage auch schon Kinder erkrankt sind. Diabetes-Typ-2-Betroffene sind nicht zwangsläufig insulinpflichtig und können selbst aktiv etwas gegen das Fortschreiten der Krankheit tun.

> Diabetes Typ 2 ist nicht angeboren, sondern wird erworben.

- **Diabetes Typ 1** hingegen ist eine Autoimmunerkrankung, bei der der Körper selbst die insulinproduzierenden Zellen zerstört. Darum müssen Menschen mit einer Diabetes-Typ-1-Erkrankung ab der Diagnose mehrmals am Tag Insulin spritzen, damit ihr Körper überhaupt in der Lage ist, den Zucker aus dem Blut in die Zellen zu befördern.
- Vier bis fünf Prozent aller Schwangeren haben mit dem sogenannten **Schwangerschaftsdiabetes** zu tun, der jedoch häufig nach der Geburt des Kindes wieder verschwindet. Da zu hohe Blutzuckerwerte für Mutter und Kind sehr gefährlich sein können, wird jede Schwangere bei den Kontrolluntersuchungen routinemäßig auf eine Diabeteserkrankung hin untersucht.

Wie hängen die Begriffe zusammen?

Ich veranschauliche dir die Zusammenhänge einmal am Beispiel eines Gummibärchens. Am Anfang ist ein Gummibärchen, das fast ausschließlich aus Zucker besteht, darunter auch **Glukose.** Glukose gehört zur Nährstoffgruppe der **Kohlenhydrate.** Wenn du dieses Gummibärchen isst, werden bereits im Mund die Kohlenhydrate mithilfe von Verdauungsenzymen in kleine Stückchen zerlegt, die dann im Dünndarm durch die Darmwand in die Blutbahn übergehen.

Schwimmen Zuckermoleküle im Blut, können sie gemessen und der Blutzuckerwert bestimmt werden.

Schwimmen diese Zuckermoleküle im Blut, kann dein Arzt oder deine Ärztin das messen und den sogenannten **Blutzuckerwert** bestimmen. Eine Einschätzung darüber, wie sich deine Blutzuckerwerte über mehrere Wochen hinweg im Durchschnitt verhalten, gibt der **Langzeitblutzuckerwert (HbA1c-Wert).**

Isst du nicht nur ein Gummibärchen, sondern eine ganze Handvoll, steigt dein Blutzuckerwert rapide in die Höhe, weil darin sehr viele Kohlenhydrate stecken, die aus nur einem oder zwei Zuckermolekülen bestehen. Diese kleinen Kohlenhydrate müssen von den Verdauungsenzymen gar nicht groß gespalten werden. Sie sind so klein, dass sie direkt im Darm angekommen sofort ins Blut übergehen. Das Ziel deines Körpers ist aber die **Glukosehomöostase,** ein ausgeglichener Blutzuckerspiegel, der sich in gesunden Bereichen bewegt.

Um den Blutzuckerspiegel wieder ins Gleichgewicht zu bringen, schüttet deine Bauchspeicheldrüse das Hormon **Insulin** aus, das dafür sorgt, dass sich die Zellen für die Zuckermoleküle öffnen und sie in ihr Inneres aufnehmen. Dort wird der Zucker verbrannt und schenkt deinem Körper die Energie, die er braucht, um zu funktionieren. Steigt der Blutzuckerspiegel nach einer ordentlichen Portion Gummibärchen schnell an, produziert deine Bauchspeicheldrüse auch viel Insulin, das den Zucker genauso schnell aus den Blutbahnen schafft. Die Folge: Der Blutzuckerspiegel sinkt rapide wieder ab. Dein Körper bekommt Angst vor einer Unterzuckerung und löst in dir das Gefühl von **Heißhunger** aus. Heißhunger auf Süßes wohlgemerkt. Und so entsteht ein Hin und Her aus Blutzuckerhochs und -tiefs, die es gilt zu durchbrechen, um gesund zu bleiben.

Ein Weg, diese Heißhungerfalle zu umgehen, ist, hauptsächlich Lebensmittel mit einem **niedrigen glykämischen Index** zu essen. Sie sind entweder sehr kohlenhydratarm oder bestehen aus langkettigen Kohlenhydraten in Kombination mit Ballaststoffen, die im Verdauungstrakt erst in kleinere Stücke gespalten werden müssen und deshalb langsam und in kleinen Portionen in den Blutkreislauf gelangen. Die Blutzuckerkurve verläuft nach dem Verzehr von GI-niedrigen Lebensmitteln deshalb nicht steil bergauf, sondern verzeichnet nur einen flachen Anstieg.

Heißhunger lässt sich mit der richtigen Ernährung gut in den Griff bekommen.

Diverse Risikofaktoren (Übergewicht, Fehlernährung, Rauchen, Stress, Bewegungsmangel) und/oder eine genetische Veranlagung (Diabetes Typ 2 bei Verwandten ersten Grades) können dazu führen, dass deine Körperzellen nicht mehr richtig auf die Schlüsselfunktion des Insulins reagieren. Das nennt man **Insulinresistenz** (siehe S. 11). Die Zellen lassen weniger oder gar keinen Zucker mehr hinein. Der Zucker muss im Blut verweilen. Die Bauchspeicheldrüse produziert und produziert vergeblich Insulin, das wirkungslos bleibt.

Daraus resultieren zwei Dinge: Jedes Mal, wenn du etwas Kohlenhydrathaltiges isst, kommt Zucker hinzu. Dein Blut verzuckert nach und nach. Wenn du in der oben erklärten Heißhungerspirale feststeckst, kann das auch sehr schnell gehen. Ab einem bestimmten Wert spricht man von einer **Hyperglykämie (Überzuckerung)**, die lebensgefährlich werden kann. Und die überlastete Bauchspeicheldrüse ermüdet, die Betazellen gehen kaputt und dein Körper kann selbst kein Insulin mehr produzieren.

Aus einer Insulinresistenz kann sich so nach und nach ein **Prädiabetes** und letztlich ein **Diabetes Typ 2** entwickeln. Dies kann schlimmstenfalls dazu führen, dass man sich das Hormon Insulin lebenslang spritzen muss, wenn man nicht dagegensteuert.

Was hat das mit meiner Ernährung zu tun?

Die gute Nachricht: Du hast deinen Blutzucker selbst in der Hand!

Du ahnst es sicher schon: eine ganze Menge! Hier gilt wirklich: Dein Blutzucker ist, was du isst. Du hast es in der Hand, du bist der Kapitän deines Stoffwechsels. Das ist doch etwas ganz Wunderbares. Nur weil Arzt oder Ärztin sagen: „Ihr Blutzuckerspiegel ist zu hoch", bist du nicht hilflos ausgeliefert und sofort auf Medikamente angewiesen. Du kannst ganz viel über die Art und Weise, wie du dich ernährst, beeinflussen. Ist die Diagnose „erhöhte Blutzuckerwerte" oder „Insulinresistenz" erfolgt, befindest du dich nicht in einer Einbahnstraße – es gibt einen Weg zurück zu einem gesunden Stoffwechsel!

Lebensmittel mit einem niedrigen glykämischen Index halten deine Blutzuckerkurve flach und die Insulinausschüttung im Rahmen. Das beugt Heißhungerattacken und einer kaputten Bauchspeicheldrüse vor. Außerdem wichtig sind längere Pausen zwischen den Mahlzeiten. Ständiges Snacken erfordert eine häufige Insulinausschüttung – auch das überfordert mit der Zeit die Bauchspeicheldrüse. Und: Solange Insulin im Blut schwimmt, ist deine Fettverbrennung gehemmt. Möchtest du also nicht nur deinen Blutzuckerspiegel, sondern auch dein Gewicht senken, sind Essenspausen von vier bis fünf Stunden zwischen den Mahlzeiten ideal.

Wie gefährlich sind erhöhte Blutzuckerwerte?

Permanent erhöhte Blutzuckerwerte setzen nicht nur der Bauchspeicheldrüse zu, auch deine Blutgefäße und Nerven leiden über kurz oder lang. Die Gefäße verzuckern regelrecht, es bilden sich Ablagerungen, die die Arterien verengen und den Blutfluss hemmen.

Permanent erhöhte Blutzuckerwerte setzen nicht nur der Bauchspeicheldrüse zu, sondern auch Blutgefäßen und Nerven.

Das Risiko für Nervenerkrankungen, Netzhautschädigungen, Durchblutungs- und Wundheilungsstörungen, Nierenschäden, Zahnprobleme, Sexualstörungen, Herzinfarkt oder Schlaganfall steigt signifikant mit deinen Blutzuckerwerten an. Wenn du das nicht willst, dann fang jetzt an, etwas zu ändern!

DEIN 4-WOCHEN-PROGRAMM

In den nächsten vier Wochen gleitest du Schritt für Schritt in eine Lebensweise, die deinen Blutzucker senkt und dir so viel mehr Lebensqualität und Gesundheit schenkt.

Schritt für Schritt

Die Umstellung gehen wir nun Schritt für Schritt an. Für die meisten Menschen ist es der Horror, ihre Lebensgewohnheiten von heute auf morgen umzuswitchen. Und das ist ganz normal. Wer kuschelt sich nicht gern in seine Komfortzone ein? Droht Veränderung, ist das erst mal Stress. Darum fangen wir ganz langsam an, damit es dir leichtfällt, dabeizubleiben. Im Fitnessstudio stemmst du beim ersten Training ja auch erst einmal die leichteren Gewichte und läufst auf dem Band nicht gleich einen Marathon.

Wir fangen wie die Fuß- oder Handballkinder in der E-Jugend an und trainieren erst mal die Grundlagen. In den nächsten vier Wochen eignest du dir Schritt für Schritt eine Lebensweise an, die deinen Blutzucker senkt und dir so viel mehr Lebensqualität und Gesundheit schenkt.

In den nächsten vier Wochen eignest du dir Schritt für Schritt eine Lebensweise an, die dir viel mehr Lebensqualität schenkt!

- In der **ersten Woche** geht es um eine Art Inventur: Wie ernährst du dich, was könntest du ändern, gibt es weitere Stellschrauben, an denen du drehen könntest, wie etwa Bewegung?
- In der **zweiten Woche** nehmen wir uns konkret die Nährstoffe vor, die du wirklich brauchst, und sehen uns an, wie du weg von Fertigprodukten und hin zu einer blutzuckergesunden Ernährung kommst.
- In der **dritte Woche** steht der „lächelnde Teller" im Mittelpunkt: Du rundest dein Wissen über die blutzuckergesunde Ernährung ab und lernst, wie du deine Blutzuckerwerte wieder nachhaltig in den Griff bekommst.
- In der **vierten Woche** wird es noch mal praktischer; mit deinem ganzen Wissen kannst du nun durchstarten: Mit 60 leckeren Rezepten stellst du deine Ernährung komplett auf blutzuckergesund um.

Wir fangen ganz langsam an, damit es dir leichtfällt, dabeizubleiben!

Damit es nicht zu theoretisch bleibt, kommen jede Woche neben den Infos auch praktische Impulse wie Quickstarts zur sofortigen Umsetzung und Kurzrezepte dazu, die du in jeweils sieben Tagen trainierst und umsetzt, über die nächsten Wochen beibehältst und schließlich zu deiner Routine machst. Hol dir einen gesunden Stoffwechsel zurück!

WOCHE 1: SCHNELLE ORIENTIERUNG

Lass uns Inventur machen! Welche Rädchen, die zu einem gesunden Blutzuckerspiegel beitragen, drehen sich bei dir schon reibungslos? Wo hakt es noch? Erfahre auf den nächsten Seiten, wo sich Zuckerfallen verstecken, welche Lebensmittel du gerne in deinen Speiseplan einbauen darfst und welche du gesunden Blutzuckerwerten zuliebe eher meiden solltest. Aber wirf auch einen Blick über den Tellerrand und analysiere dein Bewegungs- und Entspannungsverhalten. Bist du bereit?

Wo stehst du mit deiner Ernährung?

Die Weltgesundheitsorganisation (WHO) empfiehlt, pro Tag nicht mehr als 10 % der benötigten Gesamtenergie durch freie Zucker zu decken. Inzwischen haben sich auch die Deutsche Gesellschaft für Ernährung e.V. (DGE), die Deutsche Adipositas-Gesellschaft e.V. (DAG) und die Deutsche Diabetes Gesellschaft e.V. (DDG) der Empfehlung der WHO angeschlossen. Freie Zucker sind die kleinen Zuckermoleküle, die sofort vom Darm ins Blut übertreten und deinen Blutzucker schnell und hoch ansteigen lassen, also die Einfach- und Zweifachzucker.

Das bedeutet: Dieter Durchschnitt nimmt am Tag etwa 2000 kcal zu sich. 10 % davon sind 200 kcal. Und weil jedes Gramm Kohlenhydrate 4 kcal liefert, sollte Dieter nicht mehr als 50 g freie Zucker täglich essen. Das entspricht einer Menge von etwa 17 Würfeln Zucker (ein Zuckerwürfel wiegt 3 g).

17 Würfel Zucker? Klingt gar nicht so wenig, wirst du jetzt denken. Stimmt. Aber wie sieht der Zuckerwürfel-Status-quo auf deinem Teller aus? Lass uns einen Test machen.

Führende Ernährungsgesellschaften raten dir: Iss nicht mehr als 50 g freie Zucker pro Tag – das entspricht 17 Würfeln Zucker.

Wie viel Zucker isst du über den Tag verteilt?

Notiere dir die nächsten drei Tage mithilfe der Tabelle auf Seite 26, wie viele Zuckerwürfel du über den Tag verteilt gegessen hast. In der Tabelle findest du gängige zuckerhaltige Lebensmittel, deren Zuckergehalt in Würfelzucker-Einheiten angegeben ist.

Greif am besten direkt nach jeder Mahlzeit zu deinem Notizblock oder Smartphone und berechne, wie viele Zuckerwürfel auf deinem Teller lagen und in deinem Glas schwammen. Wie viel Saft hast du in die Schorle gegeben, wie viel Marmelade aufs Brot gestrichen, wie viel Schokocreme mit dem Löffel genascht? Das Protokollieren ist zugegebenermaßen ein bisschen aufwendig, aber der Nutzen und die Erkenntnisse, die du daraus ziehen wirst, sind unbezahlbar.

Wie finde ich die Zuckermenge für Produkte heraus, die nicht in der Liste stehen?

Auf der Verpackung von Lebensmitteln ist bei den Nährwerten auch immer der Zuckergehalt angegeben. Damit kannst du selbst berechnen, wie viele Zuckerwürfel du mit der gegessenen Menge zu dir genommen hast. Ein Würfel Zucker wiegt 3 g. Du musst also die gegessene Zuckermenge durch drei teilen. Übrigens: Auch herzhafte Fertigprodukte enthalten oft Zucker – schau genau hin!

Die Würfelzucker-Tabelle

LEBENSMITTEL-GRUPPE	LEBENSMITTEL	UMGERECHNET IN ZUCKER-WÜRFEL
Getränke	100 ml Cola, Limonade (Softdrinks)	3–4
	300 ml Bier	1
	100 ml Wein, trocken	1–2
	100 ml Wein, lieblich	2
	100 ml Fruchtsaft (100 % Fruchtgehalt)	3–4
	100 ml Fruchtnektar	3–4
	100 ml Fertig-Eistee	2
	100 ml ungesüßter Cappuccino	1
Süßigkeiten	10 g Zucker (1 EL)	3
	20 g Vollmilchschokolade (1 Rippe)	4
	20 g Bitterschokolade (85 % Kakao) (1 Rippe)	1
	5 Gummibärchen (12 g)	2
	1 Doppelkeks mit Schokofüllung	2–3
	1 Schoko-Erdnuss-Riegel (50 g)	9
	1 Schoko-Kokos-Riegel (57 g)	8
	1 Stück Käsesahnetorte (100 g)	7
	1 Stück Käsekuchen (100 g)	7
	1 Stück Obstkuchen (100 g)	7
Knabbereien	20 g Studentenfutter	2
	20 g Salzstangen	1
	50 g Erdnussflips	1
	50 g Kartoffelchips	2

Milchprodukte	100 ml Milch (3,5 % Fett)	1,5
	100 ml Milch (1,5 % Fett)	1,5
	50 g Sahne	0,5
	100 g Crème fraîche	1
	100 g saure Sahne	1
	100 g Naturjoghurt	2
	100 g Fruchtjoghurt	4
Frühstücks-flocken	30 g Knuspermüsli	2
	30 g Cornflakes	1
Aufstriche	20 g Konfitüre (1 EL)	4
	20 g Honig (1 EL)	5
	20 g Schokocreme (1 EL)	4

Die Top 20 Lebensmittel

Die 10 besten Lebensmittel für den Blutzuckerspiegel

Das Ziel deiner Ernährung ist es, deinen Blutzucker möglichst stabil zu halten. Das heißt, du vermeidest große Ausschläge nach oben, aber genauso nach unten. Dabei helfen dir zuckerarme, aber ballaststoffreiche Lebensmittel.

Vollkornprodukte

Lebensmittel, in denen das gesamte Getreidekorn verarbeitet wurde, enthalten nicht nur den stärkereichen Mehlkörper, sondern auch die Randschichten des Getreidekorns und damit auch jede Menge Vitamine, Mineralstoffe, Spurenelemente und Ballaststoffe. Das sind unverdauliche Kohlenhydrate, die wie eine Verpackung für Zuckermoleküle wirken, die normalerweise rasch ins Blut übergehen würden. Das „Entpacken“ entschleunigt jedoch den Übertritt in die Blutbahn und hält somit den Anstieg des Blutzuckerspiegels flach.

Hafer enthält Beta-Glucane. Das sind Ballaststoffe, die den Blutzuckerspiegel regulieren, den Cholesterinspiegel senken und deine Darmgesundheit verbessern.

Vollkornbrot und -nudeln sowie Naturreis und Haferflocken sind das perfekte Geschenkpapier für „schnelle“ Kohlenhydrate. Baue sie regelmäßig in deinen Speiseplan ein und lass sie etwa ein Viertel deines Tellers einnehmen (mehr dazu auf S. 52). So versorgst du dich gut mit Energie, B-Vitaminen, Eisen, Magnesium sowie Selen und bleibst lange satt. Auch das hilft dir, deinen Blutzuckerspiegel positiv zu beeinflussen. Denn je weniger Mahlzeiten du zu dir nimmst, umso längere insulinfreie Zeiten schenkst du deinem Körper, die die Bauchspeicheldrüse entlasten und deiner Fettverbrennung auf die Sprünge helfen.

Fisch

Fisch ist sehr kohlenhydratarm, aber eiweißreich und bietet damit eine Kombination, die die Blutzuckerkurve flach hält. Fettreiche Fische wie Lachs, Makrele, Hering und Forelle sind obendrein eine tolle Quelle für langkettige Omega-3-Fettsäuren, die dein Körper nicht selbst bilden kann.

Du musst sie über die Nahrung aufnehmen und tust damit deiner Gesundheit viel Gutes: Eine gute Versorgung mit diesen sogenannten essenziellen Fettsäuren verbessert die Blutfettwerte, mindert das Risiko für Herz-Kreislauf-Erkrankungen (z. B. Herzinfarkt, Schlaganfall, Arteriosklerose), senkt den Blutdruck, optimiert die Fließeigenschaften des Blutes und stärkt dein Immunsystem – viele gute Gründe, um zweimal pro Woche ein leckeres Fischgericht in deinen Speiseplan einzubauen!

Hülsenfrüchte

Bohnen, Linsen und Erbsen enthalten relativ viele Kohlenhydrate, sind gleichzeitig aber besonders protein- und ballaststoffreich. Das macht sie zum Gamechanger für deine Umstellung auf eine blutzuckerfreundliche Ernährung. Als Top-Energielieferanten mit einem niedrigen glykämischen Index sättigen sie lang anhaltend, stabilisieren deinen Blutzucker- und Cholesterinspiegel, kurbeln die Verdauung an und versorgen dich mit blutdrucksenkendem Kalium sowie einer Menge B-Vitamine. Salate, Dips, Eintöpfe und Bratlinge aus Hülsenfrüchten sind deshalb nicht nur für vegetarisch oder vegan lebende Menschen Gerichte, die regelmäßig auf den Tisch kommen sollten.

Nüsse und Samen

Sie sind klein, aber oho. Und darum darfst du gerne zwei Esslöffel davon in jede Mahlzeit integrieren, egal ob als Kerne oder in Form von Öl. Denn Haselnüsse, Walnüsse, Mandeln, Kürbiskerne, Sesamsamen, Sonnenblumenkerne und Leinsamen, um nur einige zu nennen, punkten mit wertvollen Fetten (45–75 g pro 100 g), Proteinen (etwa 20 %) und Ballaststoffen (durchschnittlich 10 g je 100 g), die allesamt deinen Blutzuckerspiegel positiv beeinflussen, weil sie einen raschen Übertritt von „schnellen" Kohlenhydraten ins Blut dämpfen, lange satt machen und den Insulinstoffwechsel verbessern können. Außerdem liefern die kleinen Energiepakete hohe Gehalte an B-Vitaminen, Vitamin E, Folsäure, Kalium, Kalzium, Natrium, Magnesium, Eisen und Phosphor.

Avocado

Ein gesunder Mix aus wertvollen Fettsäuren und Ballaststoffen macht die Avocado zum blutzuckerfreundlichen Genuss. Leider ist der Anbau der sogenannten Butterbirne nicht besonders nachhaltig. Die Frucht verschlingt während ihres Wachstums Unmengen an Wasser (1000 l pro 1 kg Früchte) und das in Gebieten, in denen Wasser sowieso schon knapp ist. Dazu kommen weite Transportwege (im Sommer werden die Früchte aus Südamerika und Südafrika importiert), jede Menge Verpackungsmüll, da die Früchte stoßsicher verfrachtet werden müssen, und die Abholzung von

Bei Avocados in Bio-Qualität und mit möglichst kurzem Transportweg brauchst du kein schlechtes Gewissen zu haben.

Wäldern, um Platz für Plantagen zu schaffen, auf denen die begehrte Avocado angebaut wird. Saisonalem und regionalem Obst und Gemüse solltest du deshalb den Vorzug geben. Wer ab und zu eine Avocado, am besten in Bio-Qualität und mit möglichst kurzem Transportweg (z. B. aus Spanien), genießt, braucht jedoch kein schlechtes Gewissen zu haben.

Beeren

Himbeeren, Brombeeren, Erdbeeren, Johannisbeeren – sie alle sind zuckerarm, ballaststoffreich und superlecker. Das macht sie zum perfekten Begleiter für Naschkatzen, die auf Süßes nicht verzichten, sich aber trotzdem blutzuckergesund ernähren wollen. Die in Beeren zudem enthaltenen Antioxidantien schützen deine Zellen und das Vitamin C, mit dem sie dich versorgen, pusht dein Immunsystem.

Blattgemüse

Spinat, Mangold, Rucola, Grünkohl, Salat oder Portulak gehören zu den dunklen Blattgemüsen, die kalorienarm, aber nährstoffreich auf deinen Teller oder in deinen Smoothie kommen. Die darin vorkommenden Carotinoide können regelmäßig verzehrt das Risiko senken, an Diabetes Typ 2 zu erkranken.

Süßkartoffeln

Die orangefarbenen Knollen enthalten zwar auch Kohlenhydrate, obendrein aber jede Menge blutzuckerregulierende Ballaststoffe. Wer Bioware kauft, darf die Schale gerne mitessen. Denn darin versteckt sich Caiapo, ein sekundärer Pflanzenstoff, der sich ebenfalls positiv auf deinen Blutzuckerspiegel auswirken kann.

Joghurt

Eiweiß in der Nahrung reduziert Blutzuckerspitzen. Joghurt liefert nicht nur wertvolles Protein, sondern auch Milchsäurebakterien, die für eine gesunde Bakterienpopulation im Darm sorgen. Und die stärkt gleichzeitig deine Immunabwehr. Greif unbedingt zu probiotischem Naturjoghurt, dem kein Zucker zugesetzt ist. Süße kannst du selbst hineinzaubern – und zwar mit Obst, das du gerne isst. Gib noch Haferflocken und ein paar Nüsse dazu, und fertig ist das perfekte blutzuckerfreundliche Sattmacherfrühstück. Aber auch als herzhafter Dip macht Joghurt eine gute Figur.

Als herzhafter Dip macht Joghurt eine gute Figur.

Olivenöl

Das pflanzliche Öl versorgt dich mit herzgesunden Fetten und Antioxidantien. So wirkst du Erkrankungen der Blutgefäße, Entzündungen und Zellschäden durch freie Radikale entgegen. Für Salate und kalte Speisen kannst du ein hochwertiges kalt gepresstes Olivenöl verwenden, zum Kochen und Braten bis 180 °C ist ebenfalls kalt gepresstes Olivenöl geeignet. Zum scharfen Anbraten und Frittieren greifst du am besten zu raffiniertem Olivenöl (auf dem Etikett steht dann kein Zusatz wie „nativ“ oder „extra“), das einen höheren Rauchpunkt besitzt. Rapsöl ist ebenfalls eine gute Alternative zu tierischen Fetten wie Butter oder Schmalz, die mit ihren gesättigten Fettsäuren die Blutgefäße verstopfen.

Die 10 schlechtesten Lebensmittel für den Blutzuckerspiegel

Die folgenden Lebensmittel schlagen mit vielen Zuckerwürfeln in deinem Zuckerwürfel-Protokoll zu Buche. Ihre Mengen in deinem Speiseplan zu reduzieren, bringt enorm viel, wenn du den Weg in Richtung blutzuckerfreundliche Ernährung gehen möchtest. Und: Du wirst feststellen, dass sich der Genusslevel damit erhöht und nicht verschlechtert.

Zuckerhaltige Getränke

Der Zucker aus Limonaden, Cola, Energydrinks oder Eistees geht unmittelbar ins Blut. Denn diesen Getränken sind vor allem kurzkettige Kohlenhydrate zugesetzt, die für den süßen Geschmack sorgen. Sie diffundieren vom Darm direkt und in großer Menge in die Blutbahn. Keine Fette, keine Proteine oder Ballaststoffe sind enthalten, die einen raschen Blutzuckeranstieg eindämmen könnten. Und vielen dieser Getränke ist Fruchtzucker zugesetzt (siehe „Fruchtsäfte“).

Weißbrot, Pasta und Reis

Weißbrot, herkömmliche Pasta und weißer Reis haben einen hohen glykämischen Index.

Diese drei Lebensmittelgruppen fasse ich in einer Kategorie zusammen, da für alle drei dasselbe gilt. Die „weißen“ Vertreter dieser Produkte bestehen alle aus Körnern, deren Schalenteile und Randschichten entfernt wurden und mit ihnen die Ballaststoffe und ein Großteil der Vitamine und Mineralstoffe. Übrig bleibt nur der stärkereiche Mehlkörper, der nur schnell verfügbare Kohlenhydrate zu bieten hat. Darum haben Weißbrot, herkömmliche Pasta und weißer Reis einen hohen glykämischen Index.

Fruchtsäfte

Sie werden aus Obst gewonnen und erwecken deshalb den Eindruck, gesund zu sein – weit gefehlt. Sie liefern keine Ballaststoffe und viel weniger Vitamine und Mineralstoffe als die Früchte, aus denen sie gewonnen werden, dafür aber jede Menge Fruchtzucker (Fruktose). Lange Zeit galt Fruchtzucker als perfekte Alternative für Menschen, die an Diabetes erkrankt sind, weil er anders als Glukose kein Insulin benötigt, um verstoffwechselt zu werden.

Fruktose wird ausschließlich in unserem Entgiftungsorgan, der Leber, verwertet. Kommt sehr viel davon in der Leber an, wird der Überschuss in Form von Fett eingelagert. Fruchtzucker ist somit die Hauptursache für die Entstehung einer nichtalkoholischen Fettleber. In den USA sind inzwischen 75 Millionen Menschen und 40 Prozent der amerikanischen Jugendlichen davon betroffen.

Zudem hemmt der fruchteigene Zucker dein Sättigungsgefühl. Die Lust auf mehr trinkst du mit deiner Schorle also mit. Übrigens: Noch größere Zuckerbomben als Direktsäfte sind Fruchtnektare oder Fruchtsaftgetränke, denen zum vorhandenen Zucker noch weiterer Zucker – häufig Fruchtzucker – zugesetzt ist.

Süßigkeiten und Desserts

Hoher Blutzuckerspiegel, Heißhunger auf mehr, leere Kalorien plus meist ungesunde, gesättigte Fettsäuren stehen nach dem Genuss von Gummibärchen, Keksen, Schokolade, Eis, Torte, Kuchen, Mousse au Chocolat oder Milchreis auf deinem Ernährungskonto.

Frittierte Lebensmittel

Die meisten Produkte aus der Fritteuse sind von Haus aus kohlenhydratreich, z. B. Pommes frites, Kroketten und Rösti, oder sind mit Teig oder Panade aus Kohlenhydratlieferanten umhüllt, die im heißen Fett aufknuspern (z. B. Chicken Nuggets, Backfisch, Frühlingsrollen). Diesen Zucker sowie die ungesunden Fette, die dabei häufig verwendet werden, gilt es zu vermeiden: Es gibt so viele Köstlichkeiten, die ohne diese blutzuckerunfreundliche Kombination auskommen.

Fertigprodukte

Vielen industriell hergestellten Produkten ist Zucker zugesetzt – auch denen, die gar nicht süß schmecken. In einer Tiefkühlpizza etwa stecken 14 Prozent Zucker, der hier als Konservierungsstoff und Stabilisator fungiert. Das sind völlig überflüssige Kohlenhydrate. Koche selbst! In diesem Buch findest du viele unkomplizierte und leckere Anregungen. Achte außerdem beim Einkaufen darauf, möglichst natürliche Lebensmittel, die ohne Zutatenliste auf dem Etikett auskommen, aufs Band zu legen.

Achte beim Einkaufen auf möglichst natürliche Lebensmittel, die ohne Zutatenliste auf dem Etikett auskommen!

Alkohol

Wein, Bier, Radler, Likör, Schnaps & Co. enthalten oft Zucker, der deinen Blutzuckerspiegel ansteigen lässt. Zudem ist Alkohol ein Zellgift. Deshalb ist deine Leber bestrebt, ihn möglichst schnell wieder loszuwerden. Dabei bleiben andere Stoffwechselaufgaben auf der Strecke – zum Beispiel der Fettabbau. Und weil deine entgleisten Blutzuckerwerte und die damit verbundene Insulinausschüttung die Fettverbrennung sowieso schon hemmen, verzichtest du am besten auf ein weiteres Hindernis auf dem Weg zu einem gesunden Blutzuckerspiegel und deinem Wunschgewicht.

Was außerdem hilft

Weniger Stress

Egal ob Leistungsdruck in der Arbeit, finanzielle Sorgen, schlechte Nachrichten im Fernsehen oder familiäre Probleme – sie alle üben Druck auf unsere psychische Gesundheit aus. Wer ständig unter Strom steht, schüttet Stresshormone aus. Bei ihrer Freisetzung steigen Blutdruck, Blutzuckerspiegel und Blutfettwerte an, die Insulinwirkung schwächt sich ab.

Für dein Vorhaben, den Blutzuckerspiegel in den Griff zu bekommen, brauchst du also ein Anti-Stress-Paket. Finde heraus, was dir in angespannten Lebenssituationen guttut! Hier ein paar Vorschläge:

- Lege To-do-Listen an, um dein Zeitmanagement effektiver zu gestalten.
- Probiere Achtsamkeitsübungen oder Meditation aus.
- Fang eine entspannende Sportart an, z. B. sanftes Yoga, Tai Chi oder Qigong, erlerne Entspannungsmethoden wie progressive Muskelentspannung, oder mach Spaziergänge.

- Sprich mit Freunden oder einem psychologisch geschulten Coach, die dir helfen, den Blickwinkel auf deine Stressoren zu ändern.
- Pflege die Hobbys, die dir Freude bereiten, z. B. lesen, stricken, Sport treiben, malen oder kochen.

Mehr Bewegung

Körperliche Aktivität ist ein wunderbares Add-on, um dein Ziel „gesunde Blutzuckerwerte" zu erreichen. Wenn du dich mit regelmäßiger Bewegung und Krafttraining fit hältst, machst du deine Körperzellen wieder sensibler für die Insulinwirkung. Es gelangt wieder mehr Zucker ins Zellinnere und kann dort verbrannt werden. Wenn du regelmäßig Ausdauersport treibst, etwa Schwimmen, Radfahren oder Walken, tust du etwas gegen deine Insulinresistenz.

Dabei gilt wirklich: Jeder Schritt ist besser als keiner. Schon wenn du deine Alltagsbewegung erhöhst, weil du in Zukunft Treppen steigst und nicht Aufzug oder Rolltreppe fährst oder kleinere Einkäufe zu Fuß oder mit dem Fahrrad erledigst, verbessert sich deine Stoffwechselsituation. Dazu kommt, dass Bewegung deinen Energiebedarf erhöht und es dir so erleichtert, überflüssige Pfunde loszuwerden.

> Jeder Schritt ist besser als keiner! Treppensteigen und Einkaufen zu Fuß oder mit dem Fahrrad verbessern deine Stoffwechselsituation.

Krafttraining lässt deine Muskulatur wachsen – und je mehr Muskeln, desto größer dein Energieumsatz auch in Phasen, in denen du ruhst. Und es gibt noch ein i-Tüpfelchen, das dich zu regelmäßiger Bewegung motivieren sollte: Sport hilft dir auch dabei, häufige Begleiterscheinungen eines zu hohen Blutzuckerspiegels, wie zu hohen Blutdruck oder entgleiste Blutfettwerte, in den Griff zu kriegen und Stress abzubauen.

Deine Quickstarts für Woche 1

Mahlzeitenhäufigkeit reduzieren

Ab heute beginnst du damit, nur noch zwei oder drei Mahlzeiten am Tag zu essen. Probiere aus, womit du dich wohler fühlst. Iss dich mit den Mahlzeiten satt, iss aber nicht über deinen Hunger hinaus. Dabei hilft es dir, wenn du das Tempo rausnimmst und jeden Bissen genießt. Zwischen den Mahlzeiten baust du jeweils eine Pause von mindestens vier Stunden ein. In dieser Zeit isst und trinkst du nichts, was zu einer Insulinausschüttung führen würde: Saftschorle, Saft, Kaffee und Tee mit Milch und/oder Zucker, Limonade, Bier und Wein sind während der Essenspausen tabu.

Welchen Nutzen hat dieser Quickstart?

- Du schenkst deinem Körper damit lange insulinfreie Zeiten. So kann sich deine Bauchspeicheldrüse erholen und deine Fettverbrennung wird angeregt. Denn Insulin, das im Blut unterwegs ist, hemmt den Fettabbau.
- Du senkst deine Kalorienzufuhr, was womöglich vorhandenes Übergewicht reduziert.
- Du isst bewusster und nimmst Mahlzeiten als solche auch wieder wahr.

Mehr trinken und auf zuckerhaltige Getränke verzichten

Ab heute trinkst du anderthalb bis zwei Liter Wasser am Tag und verzichtest weitestgehend auf zuckerhaltige Getränke wie Saft, Schorle, Bier, Limo, Cola etc. In den Mahlzeitenpausen machst du das ja nun schon sowieso. Versuche, auch zu den Mahlzeiten auf diese Getränke zu verzichten.

Wasser schmeckt dir nicht? Dann probier doch mal diese Alternativen:

- Kalter Kräutertee hat Geschmack und ist erfrischend. Teste verschiedene Sorten und finde heraus, was dir gut schmeckt.
- Gib Zitronen-, Limetten- oder Orangenscheiben oder auch Gurkenscheiben und Minzeblätter ins Wasser. So erhältst du sogenanntes Infused Water, das nach Frucht schmeckt, aber kein Insulin lockt. Das geht auch: Einige Getränkehersteller bieten ungezuckerte, aromatisierte Mineralwasser an. Wenn möglich, kauf ein Produkt, das seinen Geschmack möglichst aus natürlichen Zutaten bezieht.
- Koche ein paar Ingwerscheiben 5 Minuten lang im Wasser mit. Gieße das Wasser durch ein Sieb in eine (Thermos-)Kanne und genieße das zitronig-scharfe Getränk warm oder kalt.
- Die folgenden beiden Varianten befürworte ich eigentlich nicht, da sie teuer sind. Aber wenn sie dir helfen, auf zuckerhaltige Getränke zu verzichten, dann sind sie eben dein Mittel der Wahl. Mit Waterdrop®-Produkten aromatisierst du Wasser ohne Zuckerzusatz. Die Würfel, laut Hersteller mit natürlichen Extrakten hergestellt, gibt es in verschiedenen Geschmacksrichtungen. Geschmack durch Duft produziert dagegen die Airup®-Flasche, in deren Kopf ein Duft-Pod eingesetzt wird. Die Flasche selbst befüllst du mit Wasser. Beim Trinken erhältst du durch den Pod den Eindruck, du würdest etwas mit Geschmack zu dir nehmen. Dein Gehirn wird quasi ausgetrickst. Die Pods musst du regelmäßig wechseln.

> Aromatisiere dein Wasser mit Zitronen-, Limetten- oder Orangenscheiben oder auch Ingwer.

Welchen Nutzen hat dieser Quickstart?

- Oft wird Durst mit Hunger verwechselt. Wenn du regelmäßig trinkst, tappst du nicht in diese Falle.
- Das Blut kann gut in den Adern fließen, wenn du ausreichend Flüssigkeit zuführst.
- Du beugst Verstopfung vor.
- Schadstoffe werden leichter über die Nieren ausgeschieden.

Gesund naschen

Dem Körper weniger Kohlenhydrate anzubieten, fordert ihn heraus. Es wird Momente geben, in denen du dem Heißhunger auf Süßes nicht widerstehen kannst. Dann ist es gut, wenn du ein paar Notfall-Rezepte parat hast, die deinen Süßhunger auf gesunde Weise stillen.

- Schmilz 30 g Bitterschokolade und tauche frische Obststücke darin ein. Besonders gut eignen sich Erdbeeren, Apfel- oder Birnenstücke.
- Lege dir einen Vorrat an Power Balls an (siehe S. 160). Ein bis zwei Kugeln aus Trockenfrüchten, Haferflocken und Nüssen stillen dein Verlangen nach Zucker. Obendrein versorgen sie dich mit einer Extraportion Ballaststoffe, die als natürliche Appetitzügler wirken.
- Hab immer eine Dose mit Studentenfutter in der Tasche. Wenn du eine kleine Handvoll der Frucht-Nuss-Mischung naschst, kannst du der Versuchung widerstehen, am nächsten Kiosk einen Schokoriegel zu kaufen.
- Im Sommer hilft selbst gemachtes Joghurt-Beeren-Eis gegen den vermeintlichen Unterzucker: Für zwei Portionen 200 g TK-Beeren nach Wahl etwas antauen lassen, zusammen mit Naturjoghurt und nach Belieben noch ½ Banane oder 1 EL Ahornsirup oder Honig in den Hochleistungsmixer geben und pürieren, bis eine cremige Masse entstanden ist. Auf zwei Schalen verteilen und genießen oder eine Portion für den nächsten Notfall in einer Gefrierbox tiefkühlen.

Welchen Nutzen hat dieser Quickstart?

- Du schützt deinen Körper davor, zurück in die Heißhungerspirale aus raschem Blutzuckeranstieg und -abfall zu schlittern.
- Du lernst, mit der Lust auf Süßes vernünftig umzugehen, und wirst feststellen, dass du dabei gar keinen großen Verzicht üben musst.
- Du stillst deinen Süßhunger nicht mit leeren Kalorien, sondern versorgst dich gleichzeitig noch mit einer Vielzahl an Vitaminen, Mineral- und Ballaststoffen.

Eine Runde um den Block gehen

Ab heute machst du jeden Tag einen 15-minütigen Spaziergang um den Block – egal zu welcher Tageszeit und bei welchem Wetter. Ob in der Mittagspause oder abends nach dem Abendessen, ob bei Regen oder Sonnenschein. Such dir ein Zeitfenster aus, das für dich gut in den Tagesablauf passt.

Welchen Nutzen hat dieser Quickstart?

- Das Bewegungshäppchen hilft dir, den Kopf freizumachen, zur Ruhe zu kommen und ein bisschen Stress abzubauen.
- Du regst damit deinen Stoffwechsel an, verbrennst ein bisschen Extrazucker und trainierst deine Muskulatur. Jeder Schritt zählt!

WOCHE 2: NÄHRSTOFFE HER – FERTIGPRODUKTE WEG!

Du hast sicher schon mal etwas über „leere" Kalorien gehört. Erfahre hier, was genau damit gemeint ist, und wie du „leer" gegen „nährstoffdicht" tauschen kannst. Eine große Rolle spielen hierbei Fertigprodukte. Sie stellen deine Aufgabe für die Quickstarts diese Woche dar. Auf geht's: Werde zum Nährstoffsammler!

Darum sind Nährstoffe wichtig

Nährstoffe sind, wie der Name schon sagt, die Stoffe, die uns ernähren. Kohlenhydrate, Fett und Eiweiß versorgen deinen Körper mit Energie, die er benötigt, um alle Organfunktionen aufrechtzuerhalten – auch in Ruhe –, und dir die notwendige Power zu geben, wenn du körperlich aktiv bist. Doch Nährstoffe sind nicht gleich Nährstoffe.

Der Energiegehalt eines Lebensmittels wird in Kilokalorien (kcal) oder Kilojoule (kJ) angegeben.

Das hat mit der sogenannten Nährstoffdichte in deinem Essen zu tun. Dabei wird die Menge an Nährstoffen, die ein Lebensmittel liefert, im Verhältnis zu seinem Energiegehalt gemessen. Das Augenmerk richtet sich dabei nicht nur auf die Menge und die Qualität von Eiweißen, Fetten und Kohlenhydraten, die in der Nahrung enthalten sind, sondern auch darauf, welche Vitamine, Mineralstoffe und Spurenelemente dein Körper damit aufnimmt. Was genau damit gemeint ist, erkläre ich dir im Folgenden.

Kohlenhydrate mit Mehrwert

Wie du inzwischen weißt, sind es die süß schmeckenden Ein- und Zweifachzucker, die deinen Blutzuckerspiegel rasch und hoch ansteigen lassen. Langsamer verstoffwechselt werden langkettige Kohlenhydrate, z. B. die Stärke in Nudeln, Kartoffeln oder Weißbrot, weil die Verdauungsenzyme die Ketten erst in kleine Stücke zerlegen müssen, bevor sie vom Darm ins Blut übertreten können.

Noch langsamer und blutzuckerfreundlicher geschieht das Aufspalten der Kohlenhydratketten in Verbindung mit Ballaststoffen. Darum sind Vollkornbrot, -pasta und Naturreis ideale Kohlenhydratlieferanten für dich, um extreme Blutzuckerwellen zu glätten. Ballaststoffe gehören auch zu den Kohlenhydraten und stecken in **Obst, Gemüse, Nüssen, Samen, Hülsenfrüchten** und eben auch in **Vollkornprodukten.** Lösliche Ballaststoffe werden von den Bakterien im Darm teilweise verwertet und in Energie umgewandelt. Dank dieses wertvollen Futters vermehren sich die guten Darmbakterien und sorgen für eine gesunde Darmflora sowie ein starkes Immunsystem. Unlösliche Ballaststoffe passieren den Darm unverdaut. Sie binden aber Wasser und quellen auf. Das sorgt für ein lang anhaltendes Sättigungsgefühl, lockert den Stuhl und bringt den Darm in Schwung.

Fazit: Für ausdauernde Leistungsfähigkeit und einen gesunden Blutzuckerspiegel mit allen Vorteilen, die dieser mit sich bringt, lohnt es sich, die Kohlenhydrate auf dem Teller zu reduzieren und auf vollwertig umzustellen. Der Ballaststoffquelle Gemüse gebührt dabei ein großer Ehrenplatz in jeder Mahlzeit.

Hochwertiges Eiweiß

Eiweiß- oder proteinreiche Lebensmittel sind **Fleisch, Fisch, Eier, Milch(-produkte), Sojaprodukte (z. B. Tofu, Tempeh) und Hülsenfrüchte.** Aber auch **Vollkornprodukte und Nüsse** sind ganz passable Eiweißlieferanten. Jedes Gramm Eiweiß liefert 4 kcal und besteht aus einzelnen Bausteinen, den sogenannten Aminosäuren.

Davon gibt es 21 Stück, neun davon sind essenziell. Das bedeutet, dass dein Körper sie nicht selbst herstellen kann und über die Nahrung aufnehmen muss.

Am besten kombinierst du tierische und pflanzliche Eiweißquellen auf dem Teller miteinander.

Am besten kombinierst du tierische und pflanzliche Eiweißquellen auf dem Teller miteinander. So bist du gut mit allen Aminosäuren versorgt und zum Teil verbessert sich dadurch sogar die Verwertbarkeit der Proteine für deinen Körper.

Eiweiß ist hochwertige Nahrung für deine Muskeln. Sport plus hochwertiges Eiweiß in der Nahrung steigern deine Muskelmasse. Das ist Gold wert, denn mehr Muskelmasse heißt mehr Energieverbrauch, du verbrennst also automatisch mehr Zucker, der über die Nahrung ankommt, weil deine Skelettmuskulatur mehr als 80 Prozent des Zuckers aufnimmt, der im Blut schwimmt. Es bleibt kein oder weniger Überschuss, der in Fett umgewandelt werden muss.

Außerdem hemmt Eiweiß den Übertritt von Kohlenhydraten ins Blut, weil es die Verweildauer der Speisen im Magen verlängert. Darum lässt Konfitüre im Joghurt den Blutzuckerspiegel weniger steil und schnell ansteigen als die Konfitüre auf dem Brötchen.

Fazit: Achte bei jeder Mahlzeit darauf, dass du eine kleine, aber feine Portion eines pflanzlichen oder tierischen Eiweißlieferanten auf dem Teller hast.

Herzgesunde Fette

„Fett macht fett“ war lange Zeit das Motto und löste deshalb den Hype um Light-Produkte aus. Fett ist zwar sehr energiereich und versorgt dich pro Gramm mit 9 kcal, dennoch ist der Nährstoff nicht per se ungesund. Es kommt darauf an, welche Fette du verwendest – und natürlich auch ein bisschen, in welcher Menge. Denn auch das gesündeste Öl liefert pro Esslöffel 90 kcal – und zu viel ist zu viel.

Eine Kalorie bleibt eine Kalorie: Wenn du mehr davon zu dir nimmst, als du verbrennst, lagerst du den Überschuss als Fettdepot im eigenen Körper ab. Zu viele gesättigte Fette im Speiseplan, die hauptsächlich in tierischen Lebensmitteln wie fettem Fleisch oder in Butter stecken, schmecken zwar köstlich, sind aber leider Mitverursacher von Herz-Kreislauf-Erkrankungen wie Bluthochdruck, Arteriosklerose, Herzinfarkt und Schlaganfall.

Auf Fett zu verzichten, ist aber auch keine gute Idee, denn in deinem Körper würden einige Stoffwechselvorgänge ohne die Mitarbeit von Fettsäuren gar nicht funktionieren. Und genauso wie Proteine verlangsamen auch Fette den Anstieg des Blutzuckerspiegels. Omega-3-Fettsäuren aus Pflanzenölen und fettreichem Fisch wirken sich obendrein positiv auf dein Herz-Kreislauf-System aus, das durch hohe Blutzuckerwerte ja eh schon unter Beschuss steht.

Fazit: Verwende **pflanzliche Öle** zum Kochen, Braten und fürs Salatdressing, knabbere **Nüsse**, streue **Kürbiskerne** über dein Müsli, iss ab und zu eine **Avocado** und genieße gerne mindestens ein- bis zweimal pro Woche fettreichen **Fisch** (z. B. Lachs).

Add-ons: Vitamine, Mineralstoffe und Co.

Eine Ernährung, die hauptsächlich aus „leeren“ Kalorien besteht, ist vitamin- und mineralstoffarm. In Süßigkeiten, Softdrinks, zucker- und fettreichen Gebäcken sind die kleinen Gesundheitshelfer Mangelware. Mengenmäßig fallen Vitamine und Mineralstoffe zwar kaum ins Gewicht, ihre Wirkung darfst du deswegen aber trotzdem nicht unterschätzen. Fehlen sie, leidet auch deine Gesundheit.

> Vitamine, Mineralstoffe und sekundäre Pflanzenstoffe sind unabdingbar für unseren Organismus.

Antioxidantien wie die Vitamine A, C und E schützen deine Zellen. Kalzium stärkt deine Knochen und Zähne und steuert die Insulinausschüttung, Eisen ist dafür verantwortlich, dass deine Organe gut mit Sauerstoff versorgt werden. Einige Vitamine und Mineralstoffe sind an den Stoffwechselprozessen der Hauptnährstoffe (Fett, Eiweiß und Kohlenhydrate) beteiligt. In Obst, Gemüse, Kräutern und Gewürzen kommen obendrein sekundäre Pflanzenstoffe zum Tragen, die verschiedene gesundheitliche Benefits mit sich bringen und unter anderem entzündungshemmend wirken können. Die Liste dessen, wozu Vitamine, Mineralstoffe und sekundäre Pflanzenstoffe unabdingbar sind, ist unendlich lang.

Fazit: Iss **Gemüse** und **Obst** in allen Farben des Regenbogens und **Getreideprodukte** in der Vollkornvariante, dann läuft deine Stoffwechselmaschine wie geschmiert!

Darum ist ein gesundes Gewicht wichtig

Übergewicht, vor allem überflüssige Kilos in der Bauchgegend, befeuern das Risiko, dass sich eine Diabetes-Vorstufe in einen Diabetes Typ 2 verwandelt. Außerdem erhöht ein Zuviel an Körpergewicht dein Risiko für Fettstoffwechselstörungen und Herz-Kreislauf-Erkrankungen. Im schlimmsten Fall entwickelt sich das sogenannte metabolische Syndrom, auch „tödliches Quartett" genannt. Wird bei dir ein metabolisches Syndrom diagnostiziert, liegen vier der fünf folgenden Stoffwechselparameter bei dir vor:

- Bluthochdruck
- veränderte Blutfettwerte
- bauchbetontes Übergewicht
- erhöhte Blutzuckerwerte (Nüchternblutzucker, Diabetes-Erkrankung)
- Fettleber

Lass es nicht so weit kommen! Hier verhält es sich genauso wie mit der Bewegung: Jedes verlorene Kilogramm verbessert deinen Stoffwechselstatus. Das zeigen auch Studienergebnisse. Eine Studie der Kooperative Gesundheitsforschung in der Region Augsburg untersuchte, ob Menschen mit einer Diabetes-Vorstufe diesen Prädiabetes wieder rückgängig machen können, indem sie abspecken. Das Ergebnis nach sechseinhalb Jahren Beobachtungsdauer: Bei über einem Drittel der Studienteilnehmer lagen nach einer

Gewichtsreduktion die Blutzuckerwerte wieder im Normbereich – sogar bei moderater Abnahme.

Jedes verlorene Kilogramm schützt dich dabei doppelt. Denn je weiter sich dein Gewicht dem Normalbereich annähert, umso kleiner wird auch dein Risiko für Herz-Kreislauf-Erkrankungen.

Jedes verlorene Kilo verbessert den Blutzuckerwert und senkt das Risiko für Herz-Kreislauf-Erkrankungen.

Deine Quickstarts für Woche 2

Verbanne Fertigprodukte und Fast Food

Ab heute kaufst du so wenige Fertigprodukte wie möglich, denn die letzte Woche hat dir schon gezeigt, wie gut es tut, sich gewinnbringend zu ernähren. Weniger schneller Zucker in der Nahrung heißt mehr Wohlbefinden. Wenn du das so empfindest, dann leg ab dieser Woche noch eine Schippe drauf.

Aller Anfang ist schwer

Natürlich gibt es mal stressige Tage, an denen in Windeseile etwas auf den Tisch kommen muss. Aber muss es dann eine TK-Pizza sein? In der gleichen Zeit überbackst du Vollkornbrötchen mit einer Mischung aus Dosentomaten, Gewürzen, Mozzarella- und Paprikawürfelchen. Der Schritt heraus aus über Jahre eingeübten Mustern ist nicht leicht. Es ist auch kein Beinbruch, wenn man sich ab und zu doch mal einen Döner holt – das machen ja gesunde Menschen auch. Es kommt auf das Mischungsverhältnis an: Wenn der Großteil der Ernährung nicht aus Fertigprodukten und Fast Food besteht, dann bringt deinen Körper auch ein Fast-Food-Burger nicht aus dem Gleichgewicht.

Zehn Gründe, warum du Fertigprodukte meiden solltest

1. In Fertigprodukten stecken oft gehärtete Fette. Wie du inzwischen weißt, wirkt sich ein hoher Blutzuckerspiegel häufig auch auf die Blutfettwerte negativ aus. Wenn du selbst kochst, kannst du pflanzliche Öle verwenden, die dem Herz-Kreislauf-System guttun.
2. 80 Prozent aller industriell hergestellten Lebensmittel werden mit Zucker angereichert – oft einfach, um sie länger haltbar zu machen, und natürlich auch, weil es gut schmeckt. Aber ein Saladressing, eine Pizza, eine Tomatensauce oder ein Knuspermüsli schmecken mit viel weniger oder sogar ohne Zucker auch superlecker, ohne dass dein Blutzuckerspiegel eskaliert.
3. Wenn du Weißmehlprodukte nach und nach durch die Vollkornvariante ersetzen möchtest, tust du dir einen Gefallen, wenn du nicht in die Tiefkühltruhe oder zum Pasta-Kit greifst.
4. Bereits vorgekochte Fertigprodukte, die nochmals erhitzt werden, verlieren zusätzlich an Nährstoffen.
5. Du kannst deine Portionsgrößen selbst bestimmen, wenn du der Küchenchef bist. In Woche 3 lernst du den Teller-Smiley kennen, den dir kein Fertiggericht bieten kann.
6. Wer ein Gericht mit natürlichen Zutaten zubereitet, bekommt nicht noch zusätzlich künstliche Farb-, Aroma und Konservierungsstoffe serviert.
7. Miracoli und Co. wollen, dass du sie unwiderstehlich findest. Das gelingt ihnen mit dem Zusatz von Geschmacksverstärkern (z. B. Glutamat), die deinen Appetit anregen und dir Lust auf mehr machen. So isst du schnell über den Hunger hinaus und nimmst mehr Energie zu dir, als dein Körper braucht – dein Gewicht steigt.
8. Leere Kalorien einzusparen gelingt leichter, wenn du Fertigprodukte vermeidest.

> Um herauszufinden, wie viel Zucker in einem Produkt steckt, schau auf die Nährwertangaben. Dort muss angegeben sein, wie viel Gramm Zucker in 100 g enthalten sind.

9. Durch eigenhändiges Schnippeln, Rühren und Würzen bringst du deinen Mahlzeiten mehr Wertschätzung entgegen. Du isst bewusster und nicht einfach so nebenbei.
10. Wer beim Kochen den Geruch des Essens in der Nase hat, hat nicht mehr so viel Appetit. Das hilft dir auch dabei, leichter ein paar überflüssige Pfunde loszuwerden.

Investiere in Gaumen-Wellness

Im Vergleich dazu, was man dafür bekommt, sind Fertigprodukte und Fast Food teuer. Du bezahlst viel Geld im wahrsten Sinne für nichts. Leere Kalorien, schnell verwertbare Kohlenhydrate, ungesunde Fette bekommst du und zahlst obendrein den Preis von hohen Blutzuckerwerten und der nächsten Heißhungerattacke. Ist es dir das wert?

Mein Vorschlag: Geh doch lieber einmal im Monat von dem Geld, das du gespart hast, weil du auf Fertigprodukte und Fast Food verzichtet hast, in einem schönen Restaurant essen und lass dich dort verwöhnen. Ein Cheeseburger aus der Fast-Food-Kette kostet etwa zwei Euro. Steck an jedem Tag, an dem du auf TK-Pizza, Fertig-Currywurst und Co. verzichtet hast, diese symbolischen zwei Euro in ein Sparschwein, das du einmal im Monat knackst und in „Gaumen-Wellness“ investierst.

Lerne Zutatenlisten lesen

Wie erkennt man überhaupt ein Fertigprodukt? Ganz einfach: Ein Fertigprodukt hat eine Zutatenliste auf dem Etikett. Und je länger diese ist, desto „fertiger“ ist der Inhalt – im wahrsten Sinne des Wortes: hocherhitzt und deshalb vitaminarm, aber dafür reich an künstlichen Aroma- und Konservierungsstoffen, Süßungsmitteln und Geschmacksverstärkern.

> Alle Inhaltsstoffe, die in einem Produkt stecken, müssen auf der Verpackung aufgelistet sein.

Die gute Nachricht: Dir kann keiner etwas unterjubeln, was du nicht essen möchtest. Alle Inhaltsstoffe, die in einem Produkt stecken, müssen auf der Verpackung aufgelistet sein. Dabei gilt: Je weiter vorne in der Liste eine Zutat steht, desto mehr ist davon enthalten. Und noch etwas: Zucker wird häufig nicht explizit als „Zucker“ deklariert, sondern auch Begriffe, wie Glukose-Fruktose-Sirup, Maltodextrin, Oligofruktose, Gerstenmalz, Glukosesirup, Invertzuckersirup, Dextrose oder Süßmolkenpulver sind Synonyme für Kohlenhydrate, die deinen Blutzuckerspiegel rasch ansteigen lassen.

Deine Alarmglocken sollten auch läuten, wenn auf der Tüte „hergestellt mit natürlicher Süße“ steht. Mit Natur hat das nicht viel zu tun, dahinter stecken hoch verarbeitete Fruchtsüße (z. B. Trauben- oder Apfelfruchtsüße) oder Konzentrate, die eine Mischung aus Fruktose und Glukose sind und damit vergleichbar mit dem ganz normalen Haushaltszucker.

Lass Produkte, die die folgenden Zutaten enthalten, gar nicht erst in deinen Einkaufskorb:

- Zutaten, die auf -ose enden
- Sirups
- Dextrine
- Milcherzeugnisse
- Malze
- Fruchtzucker
- süße Zutaten (z. B. Honig, Dicksäfte, Kandis)

Verwende blutzuckerfreundliche Fertigprodukte

Dein Vorsatz, ab jetzt auf Fertigprodukte zu verzichten, heißt nicht, dass du in Zukunft stundenlang in der Küche stehen musst, um dir etwas Leckeres zuzubereiten. Denn es gibt durchaus Produkte, die dir helfen, Zeit zu sparen, und trotzdem relativ naturbelassen sind.

Tiefkühlgemüse

Ohne Waschen, Putzen, Schnippeln kommen Spinat, Blumenkohl, Brokkoli, Möhren, Bohnen, Erbsen oder Gemüsemischungen (z. B. Kaisergemüse, Asia-Mix) in Topf oder Pfanne. Da sie erntefrisch eingefroren wurden, sind ihre Vitamine noch weitestgehend erhalten. Wenn du sie schonend garst, tankst du Gesundheit im Handumdrehen. Achte jedoch darauf, dass sich wirklich nur Gemüse pur in der Packung befindet. Produkte mit Würzzutaten, Sahne-Add-on & Co. enthalten meist gehärtete Fette und Geschmacksverstärker, die du zum blutzuckerfreundlichen Glück nicht brauchst.

Dosentomaten

Aromatisch, ohne künstliche Zusätze, geschält und gewürfelt sind stückige Tomaten aus der Dose eine fixe Alternative, wenn es schnell gehen soll oder gerade keine Tomatensaison ist. Idealerweise wählst du ein Produkt, das nicht gesalzen ist und keine zusätzlichen Gewürze enthält.

Tiefkühl-Meeresfrüchte

Frutti di Mare oder Garnelen sind bereits gesäubert, entdarmt und gegebenenfalls geschält – perfekt für ein schnelles gutes Essen. Lass sie über Nacht im Kühlschrank auftauen, dann sind sie sofort einsatzbereit, wenn du den Topf auf den Herd stellst.

Fruchtmark

Für ein schnelles Joghurt-Topping eignet sich Fruchtmark aus dem Glas. Das ist Obstpüree, das im Gegensatz zu Fruchtmus ohne Zusatz von Zucker hergestellt wurde.

Gesunde Alternativen zu beliebten Fertiggerichten

Wenn dich in Zukunft die Lust auf Fast Food und deine früheren Fertigprodukt-Lieblinge packt, dann probiere doch mal diese Alternativen aus. Sie sind ebenfalls ruckzuck fertig, schmecken toll und du weißt genau, was drinsteckt.

Pasta Pomodoro

Für 2 Portionen

- 1 kleine Zwiebel und 1 Knoblauchzehe schälen, würfeln und in 1 EL Olivenöl anbraten. 1 EL Tomatenmark dazugeben und kurz mitbraten. 1 Dose (400 g) stückige Tomaten dazugeben. Die Sauce mit Salz, Pfeffer und 1–2 TL getrocknetem Oregano würzen und bei kleiner Hitze köcheln lassen, bis die Pasta fertig ist.
- Dazu kannst du entweder eine Mischung aus 100 g Vollkorn- und 100 g normaler Pasta servieren. Oder du reduzierst die Nudelmenge schon jetzt auf 100 g Vollkornpasta und ergänzt diese noch mit 200 g kurz angedünsteten Gemüsenudeln aus Möhren oder Zucchini.
- Frisch geriebenen Parmesan darüberstreuen.

Chicken Nuggets aus dem Ofen

Für 2 Portionen

- Den Backofen auf 180 °C vorheizen und ein Blech mit Backpapier belegen.
- 200 g Hähnchenbrust mit Küchenpapier trocken tupfen, in mundgerechte Stücke schneiden und in einer Mischung aus ½ TL Currypulver, Salz, Pfeffer und 1 EL Weizen- oder Dinkelvollkornmehl wenden. 1 Ei in einem tiefen Teller verquirlen. 20 g Cornflakes nicht zu fein zerbröseln und mit 20 g Vollkorn-Semmelbröseln in einem tiefen Teller mischen.
- Die Hähnchenstücke erst im Ei, dann in der Bröselmischung wenden, aufs Blech legen und im heißen Ofen (Mitte) 15 Minuten backen. Dann die Backofentemperatur auf 210 °C erhöhen und die Nuggets noch 5 Minuten weiterbacken, bis sie schön knusprig sind.
- Dazu passt ein Dip aus 150 g Naturjoghurt, 2 EL Ajvar (mild oder scharf), Salz und Pfeffer.

Knusprige Pommes ohne Frittieren

Für 2 Portionen

- 500 g vorwiegend festkochende Kartoffeln gründlich waschen und in Pommesstifte schneiden. Diese in einer Schüssel mit kaltem Wasser bedecken und 30 Minuten stehen lassen. Die Pommes durch ein Sieb abgießen, auf ein sauberes Geschirrtuch geben und gründlich trocken tupfen.
- Den Backofen auf 200 °C vorheizen und ein Backblech mit Backpapier belegen. Die Pommes zusammen mit 2 EL Rapsöl, Salz und etwas Paprikapulver in eine Schüssel geben und gründlich mischen, dann so auf dem Backblech verteilen, dass sie nicht übereinanderliegen.
- Die Pommes im heißen Ofen (Mitte) in ca. 25 Minuten knusprig backen, dabei in den letzten 5 Minuten einen Kochlöffelstiel in die Backofentüre klemmen, damit der Dampf entweichen kann.

Knuspermüsli ohne Fett und Zucker

Für 10 Portionen (à ca. 35 g)

- Den Backofen auf 180 °C vorheizen und ein Backblech mit Backpapier belegen.
- 40 g Medjoul-Datteln in kleine Stücke schneiden, zusammen mit 50 g Apfelmark in einen hohen Rührbecher geben und pürieren. 100 g Mandeln grob hacken und zusammen mit 100 g zarten Haferflocken, 25 g Sonnenblumenkernen, 25 g geschroteten Leinsamen, 1 TL Zimtpulver und der Apfelmark-Dattel-Mischung in eine Schüssel geben und gut vermengen.
- Die Müslimischung auf dem Backblech verteilen und im heißen Ofen (Mitte) in ca. 20 Minuten knusprig backen, dabei ein- bis zweimal wenden und bei offener Backofentüre die Feuchtigkeit entweichen lassen. Das Müsli auf dem Blech vollständig auskühlen lassen. Bewahre das Müsli in einem verschließbaren Vorratsglas auf.

WOCHE 3: DER IDEALE TELLER-SMILEY ALS START IN DEINE NEUE ERNÄHRUNG

Du hast keine Lust auf Kalorienzählen? Um den Einstieg in deine Ernährungsumstellung möglichst leicht zu gestalten, ist die Idee, dir einen lächelnden Teller zu gestalten, sehr charmant. Sie ist leicht umzusetzen, verbreitet gute Laune und eine positive Einstellung zum Essen und sorgt dafür, dass du alle wichtigen Nährstoffe im idealen Verhältnis in einer Mahlzeit zusammenstellst.

So sieht der Teller-Smiley aus

Die Idee ist ganz einfach: Du teilst deinen Teller in eine Hälfte und zwei Viertel ein.

- Ein Viertel nimmt die Eiweißquelle ein, das andere Viertel Lebensmittel, die dich mit vollwertigen Kohlenhydraten versorgen. Das sind die beiden Augen.
- Die zweite Hälfte des Tellers ist komplett mit Gemüse besetzt und bildet einen breiten lächelnden Mund.
- Fehlen noch die gesunden Fette: 2 EL pflanzliche Öle pro Mahlzeit on top sind die kleine Stupsnase im lächelnden Gesicht – fertig ist das blutzuckerfreundliche Tellergesicht für deine zwei bis drei Mahlzeiten täglich!

Dein individueller Teller-Smiley

- Wenn du morgens lieber süß frühstücken möchtest, kannst du die Gemüseportion auch gegen Obst austauschen, am besten durch kohlenhydratarme Sorten wie Beeren, Orangen oder Äpfel.
- Auch Nüsse, Samen, Avocado, Oliven und fettreicher Fisch versorgen dich mit gesunden Fetten. Wenn sie auf dem Teller liegen, hast du das i-Tüpfelchen schon mit an Bord. Wenn trotzdem noch 1–2 EL dazukommen, ist das aber kein Beinbruch. Dann gibt es eben eine Extraportion Gesundheit für Gehirn, Herz und Blutgefäße.
- Süßungsmittel wie Honig, Ahornsirup, Agavendicksaft und Zucker gehören natürlich zu den Kohlenhydraten. Pro Teller sind ½–1 EL ein guter Richtwert. Da sie wie ein Gewürz verwendet werden, tauchen sie im Baukasten (siehe unten) nicht auf.

Der Baukasten für den lächelnden Teller

Hier habe ich eine Tabelle für dich zusammengestellt, in der du Beispiele für die einzelnen Lebensmittelgruppen findest. Du kannst sie ganz nach deinen geschmacklichen Vorlieben kombinieren. Die Mengen sind nur grobe Richtwerte, um ein Gefühl dafür zu bekommen, welche Portionen der jeweiligen Nährstoffgruppe die Tellerabteilungen ausreichend bestücken, sie aber nicht überladen.

Lebensmittel, die mehrere Abteilungen bedienen

Es gibt Lebensmittel, die zwei Abteilungen auf dem Teller bedienen können. Dazu gehören z. B. Hülsenfrüchte (Eiweiß und Kohlenhydrate), fettreicher Fisch (Eiweiß und Fette), Nüsse (Eiweiß und Fette), Kohl (Gemüse und Eiweiß) und Avocado (Gemüse und Fett).

Im Baukasten integriere ich sie für dich dort, wo es sinnvoll ist. Fettreicher Fisch steht nur beim Eiweiß, weil das die Hauptkomponente ist. Nüsse tauchen nur beim Fett auf, da sie davon am meisten enthalten und eine Portion von 100–150 g Nüssen auf dem Teller als Eiweißkomponente die Kalorienbilanz zu sehr in die Höhe treiben würde. Die Avocado sortiere ich beim Gemüse ein, weil es keinen Sinn ergibt, nur 2 EL Avocado in einem Rezept zu verwenden – außer du greifst auf Avocadoöl zurück. Hülsenfrüchte dürfen sowohl die Eiweiß- als auch die Kohlenhydratpartei ergreifen, da sie beide Nährstoffgruppen würdig vertreten. Und Kohl kommt nur in den Gemüse-Baustein, weil sein Eiweißgehalt vergleichsweise gering ist.

Du solltest satt vom Tisch aufstehen, aber ohne Völlegefühl. Anfangs fühlst du dich vielleicht in deiner Lebensqualität beschnitten, weil du bisher einfach gegessen hast, wie viel du wolltest und wovon du wolltest. Aber ich versichere dir, wenn du dich darauf einlässt, wirst du Folgendes feststellen:

- Du isst mit Genuss, denn die Gerichte schmecken absolut köstlich.
- Du fühlst dich vitaler und energiegeladener, weil du dich mit allen wichtigen Nährstoffen versorgst.
- Überflüssige Pfunde purzeln, ohne dass du hungern musst.
- Auch der Rest der Familie kann mitessen, denn der lächelnde Teller ist eine ausgewogene Ernährungsform auch für Gesunde.

Die ganze Familie kann mitessen, denn der lächelnde Teller ist eine ausgewogene Ernährungsform auch für Gesunde!

Der Baukasten für den blutzuckerfreundlichen Teller

LEBENSMITTEL-GRUPPE	MENGE	LEBENSMITTEL
Eiweiß	100–150 g	• Fisch (z. B. Lachs, Forelle, Matjes, Kabeljau, Rotbarsch, Makrele, Hering, Seelachs) • Meeresfrüchte (z. B. Muscheln, Calamari, Garnelen) • mageres Fleisch (z. B. Hähnchenbrust, Putenbrust, Schweinefilet, Rinderfilet, Schinken) • Milchprodukte (Quark, Joghurt, Milch, Skyr, Käse, Ricotta, Frischkäse) • Pflanzendrink (z. B. Hafer-, Mandel-, Sojadrink) • Hülsenfrüchte (z. B. Bohnen, Linsen, Kichererbsen) • Eier • Sojaprodukte (z. B. Tofu, Tempeh, Seitan) • Sonnenblumenhack
Kohlenhydrate	40–60 g	• Naturreis (roh) • Wildreis (roh) • Vollkornnudeln (roh) • Vollkorngetreide (roh) (z. B. Haferflocken, Hafer-wie-Reis, Dinkel-wie-Reis, Buchweizen, Grünkern, Zartweizen) • Vollkornbrot • Bulgur (roh) • Hirse (roh) • Couscous (roh) • Quinoa (roh) • Polenta (roh)
	100–150 g	• Kartoffeln • Süßkartoffeln • Kürbis • Bananen • Hülsenfrüchte (Konserve)

LEBENSMITTEL-GRUPPE	MENGE	LEBENSMITTEL
Gemüse/Obst	150–250 g	• alle kohlenhydratarmen Gemüse von A wie Aubergine bis Z wie Zwiebel, ausgenommen Kürbis und (Süß-)Kartoffel • alle zuckerarmen Obstsorten, ausgenommen Banane, Datteln, Litschis und Wassermelone – diese nur in kleinen Mengen als natürliches Süßungsmittel verwenden
Fette	2 EL	• pflanzliche Öle (Olivenöl, Rapsöl, Leinöl, Avocadoöl, Nussöle) • Nüsse (z. B. Walnüsse, Mandeln, Haselnüsse, Pekannüsse, Erdnüsse) • Samen (Kürbiskerne, Leinsamen, Sesam, Sonnenblumenkerne, Mohn) • Oliven

Die Rezepte aus dem Baukasten sind nährstoffreich und jeder kann mitessen.

Deine Quickstarts für Woche 3

Die Teller-Smiley-Frequenz langsam steigern

Alle drei Mahlzeiten gleich komplett umzustellen, geht dir zu schnell? Kein Problem, fang einfach mit kleinen Schritten an. Jede kleine Veränderung ist besser als keine – und bringt dich auf den richtigen Weg zu einem gesunden Blutzuckerspiegel. Wie wäre es zum Beispiel mit diesen Tipps für kleine, aber feine Vorhaben in der nächsten Woche?

- Ersetze die Hälfte der Weißmehlprodukte durch Vollkornprodukte. Das heißt, mische Vollkornnudeln und normale Nudeln. Das Gleiche funktioniert mit Reis und Brot.
- Baue einmal am Tag in eine Mahlzeit eine Gemüseportion ein, die die Hälfte des Tellers einnimmt.
- Drei deiner Mahlzeiten in dieser Woche entsprechen dem Teller-Smiley.
- Iss nicht mehr als 250 g Obst am Tag.
- Mit dem Salzstreuer würzt du nur dezent. Salzreiche Kost erhöht den Blutdruck, und ein hoher Blutzuckerspiegel belastet die Blutgefäße schon genug – besser, nicht noch zusätzlich Druck auszuüben.

> Benutze den Salzstreuer nur sparsam, denn salzreiche Kost erhöht den Blutdruck.

Leckere Kombis für dich

Zuletzt zeige ich dir ein paar beispielhafte Kombinationen, wie aus dem Baukasten einfache, aber leckere Gerichte werden. Kräuter und Gewürze darfst du ganz nach Geschmack verwenden. Dazu zählen auch Senf oder Essig für ein Dressing.

In den Beispielkombinationen baue ich beim Mittagessen warme, beim Abendessen kalte Gerichte ein. Wenn du lieber abends warm isst, weil das besser in deinen Tagesablauf passt, kannst du natürlich gerne tauschen. Und wenn dir zwei Hauptmahlzeiten am Tag ausreichen, dann ist das natürlich auch in Ordnung.

Frühstück

VARIANTE 1	VARIANTE 2	VARIANTE 3	VARIANTE 4
Quark 120 g Magerquark + 3 EL Milch + 50 g Haferflocken + 200 g Himbeeren + 2 EL gehackte Mandeln	**Haferflocken** 50 g Haferflocken in 150 ml Milch oder Pflanzendrink 1 Minute kochen lassen, dann 5 Minuten quellen lassen + ½ TL Zimtpulver + 200 g Orange + 2 EL gehackte Haselnüsse	**Rührei** 2 Eier, Salz, Pfeffer, Kräuter verquirlen + in 1 EL Rapsöl zu einem Rührei braten + 250 g Gemüse (z. B. Pilze, Paprika, Tomaten) in 1 EL Rapsöl anbraten, würzen + 1 Scheibe Vollkornbrot (50 g)	**Vollkornbrot** 1 Scheibe Vollkornbrot (50 g) + 100 g Kräuterquark mit 2 EL Leinöl verrühren + 200 g Gemüsesticks (z. B. Möhre, Gurke, Kohlrabi)

Mittagessen

VARIANTE 1	VARIANTE 2	VARIANTE 3	VARIANTE 4
Pasta bolognese 50 g Vollkornnudeln in Salzwasser garen + 150 g Rinderhackfleisch in 2 EL Olivenöl anbraten + 1 Schalotte + 200 g stückige Tomaten + Gewürze	**Gebratener Rotbarsch mit Polenta und Paprikagemüse** 50 g Polenta in Brühe nach Packungsanweisung garen + 125 g Rotbarschfilet in 1 EL Olivenöl braten + 250 g Paprika in 1 EL Olivenöl braten + Gewürze	**Pilzreis mit pochierten Eiern** 50 g Vollkornreis nach Packungsangabe garen + 1 Schalotte und 200 g Pilze in 2 EL Rapsöl anbraten, unter den Reis mischen + Gewürze + 2 pochierte Eier	**Tofu mit Wildreis und Asiagemüse** 100 g Tofu in 1 EL Sesamöl anbraten + 50 g Wildreis nach Packungsangabe kochen + 250 g TK-Asiagemüse in 1 EL Sesamöl anbraten + Gewürze

Abendessen

VARIANTE 1	VARIANTE 2	VARIANTE 3	VARIANTE 4
Griechischer Nudelsalat 50 g Vollkornnudeln nach Packungsanweisung garen, kalt abschrecken + 100 g Gurke, 100 g Tomate, ¼ Zwiebel + 1 EL Oliven, 1 EL Olivenöl + 100 g Schafskäse (Feta) + etwas Nudelkochwasser + Gewürze	**Vollkornbrot mit Mozzarella und Rote Bete** 50 g Vollkornbrot + 125 g Mozzarella + 200 g gegarte Rote Bete + 1 EL Olivenöl, 1 EL gehackte Walnüsse + Gewürze	**Räucherforelle mit Radieschen-Kartoffel-Salat** 125 g geräucherte Forelle + 100 g gekochte Kartoffel, 100 g Radieschen, 2 Frühlingszwiebeln, 30 g Feldsalat + 2 EL Rapsöl + Gewürze	**Linsensalat** 150 g Linsen (Konserve) + 100 g gewürfelter Räuchertofu + 50 g Babyspinat, 1 Frühlingszwiebel, 100 g Möhre, 2 Cornichons + Gewürze

Übrigens: Auch die Rezepte ab Woche 4 orientieren sich größtenteils am Teller-Smiley. Stöbere doch gleich mal und markiere dir die Seiten, die dich anlachen!

WOCHE 4: BLUTZUCKER-GESUND KOCHEN

Hier findest du 60 unkomplizierte Mahlzeiten, die dich durch den Tag begleiten, ohne deinen Blutzuckerspiegel eskalieren zu lassen. Zum Schluss gebe ich dir einen Musterwochenplan an die Hand, der dir den Einstieg in den blutzuckerfreundlichen Genuss erleichtert. Bist du bereit? Dann an die Töpfe, fertig, los!

60 blutzuckergesunde Rezepte

Mit diesem Kapitel kannst du richtig loslegen! Die folgenden Rezepte orientieren sich am Teller-Smiley des vorigen Kapitels. Eine Ausnahme bilden die Desserts: Sie sollen kleine Naschereien für dich sein, die du hin und wieder als Nachspeise genießen kannst. Sie stillen den Süßhunger – gleichzeitig dimmen Proteine, Ballaststoffe und/oder Fette einen raschen Blutzuckeranstieg.

Ein paar Tipps, die du in dieser und allen folgenden Wochen beachten kannst:

- Versuche, die Rezepte bewusst umzusetzen.
- Iss nicht mehr als drei Mahlzeiten pro Tag.
- Mach regelmäßige Bewegung zu deiner Routine.
- Erstelle dir einen Wochenplan für deine Mahlzeiten und die dazu passende Einkaufsliste – das erleichtert es dir, dranzubleiben!

FRÜHSTÜCK

Zubereitungszeit: 15 Minuten
Eine Portion enthält: 407 kcal (1703 kJ), 11 g Eiweiß, 19 g Fett, 45 g Kohlenhydrate, 9 g Ballaststoffe

Zutaten für 2 Personen

1 Beutel Chai-Tee (oder 1 TL Goldene-Milch-Gewürzmischung)
100 ml Milch (3,5 % Fett)
60 g zarte Haferflocken
100 g Heidelbeeren
1 Apfel (ca. 100 g)
1 Stück Galia-Melone (ca. 200 g Fruchtfleisch)
40 g Walnusskerne
1 EL Mohnsamen
2 TL flüssiger Honig

Gewürz-Porridge mit Obst

Zubereitung

1 Den Teebeutel mit 150 ml kochendem Wasser überbrühen und 10 Minuten ziehen lassen, dann den Teebeutel entfernen. Oder das Goldene-Milch-Gewürz in 150 ml kochendem Wasser auflösen.

2 Tee oder Goldene-Milch-Wasser zusammen mit der Milch in einem Topf zum Kochen bringen. Die Haferflocken einrühren und bei kleiner Hitze 2 Minuten köcheln lassen, bis ein cremiger Brei entstanden ist. Den Topf vom Herd nehmen und das Porridge zugedeckt noch 5 Minuten quellen lassen.

3 Die Heidelbeeren waschen und verlesen. Den Apfel waschen, vierteln, vom Kerngehäuse befreien und die Viertel quer in feine Scheiben schneiden. Das Melonenfruchtfleisch in kleine Würfel schneiden. Die Walnüsse grob hacken und nach Belieben in einer Pfanne ohne Fett anrösten.

4 Das Porridge auf zwei Schalen verteilen, Heidelbeeren, Melonenwürfel und Apfelscheiben darauf dekorativ anrichten. Alles mit Walnüssen und Mohn bestreuen und mit Honig beträufeln.

MEHR EIWEISS Wenn du zum Frühstück mehr Eiweiß tanken möchtest, kochst du das Porridge in 100 ml Gewürztee und rührst dann noch 200 g Skyr unter den Haferbrei. Dann nimmst du mit einer Porridge-Portion 18 g Protein anstatt 11 g zu dir.

Zubereitungszeit: 10 Minuten
Eine Portion enthält: 403 kcal (1689 kJ), 28 g Eiweiß, 13 g Fett, 39 g Kohlenhydrate, 4 g Ballaststoffe

Zutaten für 2 Personen

400 g Skyr
½ TL gemahlene Vanille
2 vollreife Pfirsiche
4 EL Mandelstifte
4 EL zarte Haferflocken
2 TL flüssiger Honig
4 Zitronenmelisseblätter (nach Belieben)

Vanille-Skyr mit Pfirsichen

Zubereitung

1 Skyr und Vanille in einer Schüssel glatt rühren und auf zwei Schalen verteilen.

2 Die Pfirsiche waschen, halbieren, entsteinen, in kleine Würfel schneiden und auf dem Vanille-Skyr verteilen.

3 Mandeln und Haferflocken in einer beschichteten Pfanne ohne Fett anrösten. Den Honig darüberträufeln und karamellisieren lassen. Den Mandel-Crunch aus der Pfanne auf einen Teller schütten und abkühlen lassen.

4 Mandel-Crunch auf die Pfirsiche streuen und nach Belieben mit Zitronenmelisse garnieren.

VARIANTE Außerhalb der Pfirsichsaison schmeckt auch Melone – egal ob Galia-, Cantaloupe- oder Honigmelone – ganz wunderbar auf dem Vanille-Skyr.

Vollkornbrot mit Radieschen-Schnittlauch-Quark

Zubereitungszeit: 15 Minuten
Eine Portion enthält: 322 kcal (1349 kJ), 20 g Eiweiß, 11 g Fett, 32 g Kohlenhydrate, 8 g Ballaststoffe

Zutaten für 2 Personen

250 g Magerquark
2 EL Leinöl
200 g Radieschen
½ Bund Schnittlauch
Salz
Pfeffer
2 Scheiben Vollkornbrot (à 60 g)

Zubereitung

1 Quark und Leinöl in eine Schüssel geben und glatt rühren.

2 Die Radieschen putzen und waschen. Die Hälfte davon in kleine Würfel schneiden, die andere Hälfte vierteln. Schnittlauch waschen und in feine Röllchen schneiden. Radieschenwürfel und die Schnittlauchröllchen bis auf 2 EL unter den Quark heben. Den Radieschenquark mit Salz und Pfeffer abschmecken.

3 Die Brotscheiben dick mit dem Radieschenquark bestreichen und mit den restlichen Schnittlauchröllchen bestreuen. Die übrigen Radieschen in den restlichen Quark dippen und ohne Brot genießen.

Omelett mit Tomaten-Wildkräuter-Salat

Zubereitungszeit: 20 Minuten
Eine Portion enthält: 419 kcal (1731 kJ), 17 g Eiweiß, 32 g Fett, 15 g Kohlenhydrate, 1 g Ballaststoffe

Zutaten für 2 Personen

4 Eier, Größe M
50 ml Milch (3,5 % Fett)
Salz
Pfeffer
1 Bund Schnittlauch
4 EL Rapsöl
100 g Pflücksalat (z. B. Wildkräutermischung)
150 g Kirschtomaten
1 EL Aceto balsamico bianco
1 EL flüssiger Honig
1 TL Dijonsenf

Zubereitung

1 Eier, Milch, Salz und Pfeffer in einem hohen Rührbecher mit dem Schneebesen verquirlen. Den Schnittlauch waschen, trocken schütteln und in feine Röllchen schneiden. Die Hälfte des Schnittlauchs unter die Eiermischung rühren.

2 1 EL Rapsöl in einer beschichteten Pfanne erhitzen, die Eiermasse in die Pfanne gießen und bei mittlerer Hitze braten, bis sie vollständig gestockt ist. Das Omelett wenden und 1–2 Minuten weiterbraten.

3 Inzwischen den Salat waschen, trocken schleudern und in eine Schüssel geben. Die Tomaten waschen und halbieren oder vierteln und zusammen mit dem restlichen Schnittlauch zum Salat in die Schüssel geben.

4 Aceto balsamico bianco, die restlichen 3 EL Rapsöl, Honig, Senf, Salz und Pfeffer in eine Tasse geben und mit einer Gabel verquirlen. Das Dressing zum Salat geben und untermischen.

5 Das Omelett halbieren, auf zwei Teller geben und den Salat daneben oder darauf anrichten.

Zubereitungszeit: 20 Minuten
Eine Portion enthält: 548 kcal (2296 kJ), 27 g Eiweiß, 31 g Fett, 26 g Kohlenhydrate, 8 g Ballaststoffe

Zutaten für 2 Personen

300 ml Gemüsebrühe
60 g zarte Haferflocken
Salz
Pfeffer
2 Eier, Größe M
1 Mini-Gurke (ca. 100 g)
50 g Babyspinat
1 Avocado (ca. 200 g)
100 g geräucherter Lachs
2 EL Cashewkerne
1 EL Schwarzkümmel

Herzhaftes Porridge mit Lachs und Avocado

Zubereitung

1 Die Gemüsebrühe in einem kleinen Topf zum Kochen bringen. Die Haferflocken einstreuen und das Porridge bei kleiner Hitze 2 Minuten köcheln lassen, bis ein cremiger Brei entstanden ist. Den Topf von der Herdplatte nehmen, das Porridge bei Bedarf mit Salz und Pfeffer abschmecken und 5 Minuten quellen lassen.

2 Inzwischen die Eier anstechen, in kochendes Wasser geben und in 6 Minuten 30 Sekunden wachsweich kochen. Kalt abschrecken.

3 Die Gurke waschen, putzen und längs mit dem Sparschäler in dünne Scheiben hobeln. Spinat waschen und trocken schleudern. Die Avocado halbieren, entkernen, das Fruchtfleisch mit einem Löffel aus der Schale heben und quer in Scheiben schneiden. Den Lachs in kleinere Stücke zupfen oder schneiden. Die Cashews grob hacken und nach Belieben in einer Pfanne ohne Fett anrösten.

4 Das Porridge auf zwei Schalen verteilen. Gurke, Spinat, Avocado und Lachs in Segmenten auf dem Haferbrei anrichten. Die Eier pellen, in die Mitte der Bowls setzen, längs halbieren und nach Belieben mit etwas Salz und Pfeffer übermahlen. Die Bowls mit Cashews und Schwarzkümmel bestreuen.

VARIANTEN Wenn du rohen Spinat nicht so gerne magst, kannst du die zarten Blätter auch unter das Porridge rühren und darin zusammenfallen lassen. Aroma-Kick gefällig? Dann beträufle diese Frühstücksbowl zusätzlich mit 1 TL geröstetem Sesamöl.

WARME HAUPTGERICHTE

Pasta alla Norma

Zubereitungszeit: 40 Minuten
Eine Portion enthält: 522 kcal (2185 kJ), 17 g Eiweiß, 28 g Fett, 48 g Kohlenhydrate, 10 g Ballaststoffe

Zutaten für 2 Personen

1 Aubergine (ca. 300 g)
3 EL Olivenöl
Salz
Pfeffer
½ TL Harissapaste (ersatzweise Cayennepfeffer oder rosenscharfes Paprikapulver)
1 kleine Zwiebel
2 Knoblauchzehen
1 EL Tomatenmark
1 Dose stückige Tomaten (400 g)
1 TL getrockneter Thymian
1 TL getrockneter Oregano
Chiliflocken (nach Belieben)
4 Stängel Basilikum
100 g Vollkornspaghetti
1 Kugel Burrata (100 g; ersatzweise Büffelmozzarella)

Zubereitung

1 Den Backofen auf 200 °C Umluft vorheizen und ein Backblech mit Backpapier auslegen. Die Aubergine waschen, putzen und in 1 cm dicke Scheiben schneiden. 2 EL Öl, Salz, Pfeffer und Harissapaste in einer Tasse verrühren. Die Auberginenscheiben damit von beiden Seiten dünn einpinseln und aufs Blech legen. Die Auberginenscheiben im heißen Ofen (Mitte) ca. 30 Minuten backen, nach 20 Minuten Backzeit wenden.

2 Zwiebel und Knoblauch schälen und hacken. 1 EL Olivenöl in einer Pfanne erhitzen und Zwiebel und Knoblauch darin glasig braten. Tomatenmark dazugeben und unter Rühren anrösten. Tomaten, Thymian, Oregano und nach Belieben Chili dazugeben. Die Sauce aufkochen und offen bei kleiner bis mittlerer Hitze 10–15 Minuten köcheln lassen. Basilikum waschen und abtrocknen, die Blätter abzupfen.

3 Inzwischen die Spaghetti in reichlich kochendem Salzwasser nach Packungsanweisung al dente garen. In ein Sieb abgießen, abtropfen lassen und zur Tomatensauce in die Pfanne geben. Die Pasta in der Sauce so lange köcheln lassen, bis sich Sauce und Nudeln gut miteinander verbunden haben. Pasta bei Bedarf mit Salz und Chili abschmecken und auf zwei Teller verteilen.

4 Die Auberginenscheiben aus dem Ofen holen und am Tellerrand rund um die Pasta verteilen. Die Burrata halbieren und auf jede Pastaportion eine Hälfte legen. Die Pasta mit Basilikum garnieren.

Risotto mit Kürbis und Pilzen

Zubereitungszeit: 45 Minuten
Eine Portion enthält: 639 kcal (2674 kJ), 20 g Eiweiß, 36 g Fett, 63 g Kohlenhydrate, 8 g Ballaststoffe

Zutaten für 2 Personen

1 kleine Zwiebel
300 g Kürbisfruchtfleisch (Hokkaido)
2 EL Walnusskerne
3 EL Olivenöl
100 g Risottoreis
500 ml Gemüsebrühe
200 g Pilze (z. B. Steinpilze, Egerlinge oder Kräuterseitlinge)
Salz
Pfeffer
1 TL getrockneter Thymian
150 g Ziegenfrischkäse

Zubereitung

1 Zwiebel schälen und fein würfeln. Das Kürbisstück waschen und 200 g davon grob raspeln. Die restlichen 100 g in 1 cm große Würfel schneiden. Die Walnusskerne in einem Topf ohne Fett rösten, bis sie anfangen zu duften, auf ein Brett geben und grob hacken.

2 In dem Topf 1 EL Olivenöl erhitzen. Die Zwiebel darin glasig dünsten, den Reis dazugeben und 1 Minute mitbraten. Kürbisraspel und -würfel dazugeben, 1 Minute mitbraten, dann ein Viertel der Gemüsebrühe dazugeben.

3 Risotto bei mittlerer Hitze offen köcheln lassen, bis die Brühe fast vollständig vom Reis aufgenommen wurde, dabei immer wieder umrühren. Dann erneut ein Viertel der Brühe dazugeben. Diesen Vorgang wiederholen, bis die Brühe aufgebraucht ist. Es sollte ein cremiges Risotto entstanden sein, der Reis ist gar, hat aber noch etwas Biss.

4 Während das Risotto köchelt, die Pilze putzen und in Scheiben schneiden. 1 EL Öl in einer Pfanne erhitzen und die Pilze darin bei großer Hitze anbraten. Mit Salz, Pfeffer und Thymian würzen und warm halten.

5 Risotto mit Salz und Pfeffer abschmecken.
50 g Ziegenfrischkäse und 1 EL Olivenöl unter das Risotto rühren und 2 Minuten zugedeckt auf der ausgeschalteten Herdplatte ziehen lassen.

6 Das Risotto auf zwei Teller verteilen, die Pilze darauf anrichten. Den restlichen Ziegenfrischkäse in kleinen Häufchen darauf verteilen. Alles mit Pfeffer übermahlen und mit den Walnusskernen bestreut servieren. Nach Belieben mit frischen Basilikumblättern garnieren.

Chili sin carne mit Avocado-Topping

Zubereitungszeit: 35 Minuten
Eine Portion enthält: 715 kcal (2995 kJ), 39 g Eiweiß, 33 g Fett, 35 g Kohlenhydrate, 15 g Ballaststoffe

Zutaten für 2 Personen

1 Pck. Sonnenblumenhack (ca. 75 g)
1 kleine Zwiebel
1 Knoblauchzehe
1 rote Paprika
1 Dose Kidneybohnen (250 g Abtropfgewicht)
2 EL Olivenöl
½ TL Korianderkörner (nach Belieben)
2 TL edelsüßes Paprikapulver
1 TL gemahlener Kreuzkümmel
¼ TL Chiliflocken
1 EL Tomatenmark
1 Dose stückige Tomaten (400 g)
Salz
Pfeffer
1 Avocado
1 EL Limettensaft
40 g Cheddar oder mittelalter Gouda
2 EL saure Sahne

Zubereitung

1 Das Sonnenblumenhack in ein feines Sieb geben und kurz mit Wasser abspülen. Zwiebel und Knoblauch schälen und fein hacken. Die Paprika waschen, längs halbieren, von Kernen und Trennwänden befreien und in etwa 1 cm große Würfel schneiden. Die Bohnen in ein Sieb abgießen, abspülen und abtropfen lassen.

2 In einer Pfanne 1 EL Olivenöl erhitzen und das Sonnenblumenhack darin bei großer Hitze anbraten, bis es leicht gebräunt ist. Zwiebel, Knoblauch und Paprika dazugeben und bei mittlerer Hitze mitdünsten.

3 Korianderkörner im Mörser zerreiben und zusammen mit Paprikapulver, Kreuzkümmel, Chiliflocken und Tomatenmark in die Pfanne zum Sonnenblumenhack geben und kurz anrösten. Tomaten, 150 ml Wasser und Bohnen dazugeben und das Chili offen bei kleiner Hitze 15 Minuten köcheln lassen. Salzen und pfeffern.

4 Inzwischen die Avocado halbieren, entkernen, das Fruchtfleisch mit einem Löffel aus der Schale heben und klein würfeln. Avocadowürfel in eine Schale geben und sofort mit Limettensaft und 1 EL Olivenöl mischen. Mit Salz, Pfeffer und nach Belieben Chiliflocken würzen. Den Käse reiben.

5 Das Chili bei Bedarf nochmals mit den Gewürzen abschmecken, auf zwei Schalen verteilen und mit je 1 EL saurer Sahne, geriebenem Käse und Avocado toppen.

Blumenkohl-Kartoffel-Auflauf

Zubereitungszeit: 25 Minuten
Backzeit: 30 Minuten
Eine Portion enthält: 542 kcal (2271 kJ), 29 g Eiweiß, 31 g Fett, 30 g Kohlenhydrate, 10 g Ballaststoffe

Zutaten für 2 Personen

500 g Blumenkohl (geputzt gewogen)
200 g Kartoffeln
Salz
½ Bund Petersilie
1 EL Rapsöl
1 EL Mehl (Type 1050)
200 ml Milch (3,5 % Fett)
100 ml Gemüsebrühe
Pfeffer
100 g Bergkäse
3 EL Sonnenblumenkerne

Zubereitung

1 Den Backofen auf 200 °C vorheizen. Den Blumenkohl putzen, waschen und in Röschen teilen. Die Kartoffeln waschen, schälen und in 1 cm große Würfel schneiden. Reichlich Salzwasser in einem Topf erhitzen und Blumenkohl und Kartoffeln darin 5 Minuten garen. In ein Sieb abgießen und abtropfen lassen.

2 Während das Gemüse gart, die Petersilie waschen und trocken schütteln, die Blätter abzupfen und fein hacken.

3 In einem kleinen Topf das Öl erhitzen, das Mehl dazugeben und kurz anschwitzen. Milch und Brühe dazugießen, zum Kochen bringen und 10 Minuten bei kleiner bis mittlerer Hitze köcheln lassen, bis die Sauce leicht angedickt ist. Salzen und pfeffern und die Petersilie unterrühren. Den Käse reiben.

4 Blumenkohl und Kartoffeln in eine Auflaufform geben, die Sauce und den Käse darauf verteilen. Den Auflauf im heißen Ofen (Mitte) 30 Minuten überbacken. In den letzten 10 Minuten der Backzeit die Sonnenblumenkerne auf den Auflauf streuen und mitrösten. Den Auflauf auf zwei Tellern anrichten.

FISCH ODER FLEISCH DAZU Der Auflauf schmeckt auch ganz wunderbar zu kurzgebratenem Fisch oder Fleisch.

Auberginen-Kichererbsen-Topf mit Minzejoghurt

Zubereitungszeit: 20 Minuten
Garzeit: 15 Minuten
Eine Portion enthält: 474 kcal (1987 kJ), 19 g Eiweiß, 22 g Fett, 42 g Kohlenhydrate, 15 g Ballaststoffe

Zutaten für 2 Personen

1 Aubergine (ca. 300 g)
1 Zwiebel
2 Knoblauchzehen
2 EL Olivenöl
½–1 TL Harissapaste (je nach gewünschter Schärfe)
1 EL Tomatenmark
1 TL Garam Masala
Salz
Pfeffer
400 ml Tomatensaft
1 Dose Kichererbsen (250 g Abtropfgewicht)
3 Stängel Minze (ersatzweise 2 TL getrocknete Minze)
2 EL Walnusskerne
150 g Joghurt (3,5 % Fett)

Zubereitung

1 Die Aubergine waschen, putzen, längs halbieren und quer in 1 cm dicke Scheiben schneiden. Zwiebel und Knoblauch schälen und fein hacken.

2 Das Olivenöl in einer Pfanne erhitzen und die Auberginenscheiben darin bei großer Hitze anbraten, bis sie auf beiden Seiten gebräunt sind. Zwiebel und Knoblauch dazugeben und das Gemüse bei mittlerer Hitze 5 Minuten weiterbraten.

3 Harissa, Tomatenmark, Garam Masala, Salz und Pfeffer dazugeben und 2 Minuten zusammen mit dem Gemüse anrösten.

4 Den Pfanneninhalt mit dem Tomatensaft ablöschen und zum Kochen bringen. Die Kichererbsen in ein Sieb abgießen, abspülen und abtropfen lassen. Die Kichererbsen in die Pfanne geben und alles offen bei kleiner bis mittlerer Hitze 15 Minuten köcheln lassen, bis die Auberginen schön cremig weich und die Sauce sämig ist.

5 Inzwischen die Minze waschen und trocken schütteln, die Blätter abzupfen und fein hacken. Die Walnusskerne ohne Fett rösten und hacken. Joghurt, Minze und Walnüsse in einer Schale mischen und mit Salz und Pfeffer abschmecken.

6 Den Auberginen-Kichererbsen-Topf bei Bedarf nochmals mit den Gewürzen abschmecken, auf zwei Schalen verteilen und mit dem Joghurt-Dip toppen.

Raclette-Kartoffeln mit Pilzen und Ei

Zubereitungszeit: 30 Minuten
Backzeit: 35 Minuten
Eine Portion enthält: 545 kcal (2283 kJ), 22 g Eiweiß, 37 g Fett, 27 g Kohlenhydrate, 9 g Ballaststoffe

Zutaten für 2 Personen

2 Kartoffeln (ca. 250 g)
3 EL Rapsöl
Salz
2 EL Kürbiskerne
150 g Pfifferlinge (ersatzweise Champignons)
Pfeffer
50 g Raclettekäse
2 Eier, Größe M
100 g Feldsalat
2 Frühlingszwiebeln
1 EL Aceto balsamico
1 TL flüssiger Honig
1 EL Kürbiskernöl
1 TL süßer Senf

Zubereitung

1 Den Backofen auf 200 °C vorheizen. Die Kartoffeln gründlich waschen, nach Belieben schälen und längs in 1 cm dicke Scheiben schneiden. Die Kartoffelscheiben mit 1 EL Rapsöl auf beiden Seiten einpinseln, salzen und auf ein mit Backpapier belegtes Blech legen. Im heißen Ofen (Mitte) 20 Minuten backen.

2 Inzwischen die Kürbiskerne in einer Pfanne ohne Fett anrösten, auf einen Teller schütten. Die Pilze putzen und bei Bedarf in Scheiben oder Stücke schneiden. 1 EL Rapsöl in der Pfanne erhitzen und die Pilze darin anbraten, bis sie leicht gebräunt sind, salzen und pfeffern.

3 Die Pilze auf den vorgebackenen Kartoffelscheiben verteilen und mit dem Raclettekäse belegen. Die Kartoffelscheiben wieder in den Ofen schieben und 15 Minuten überbacken, bis der Käse geschmolzen und leicht gebräunt ist.

4 Inzwischen die Eier anpieksen, in kochendes Wasser gleiten lassen und in 6 Minuten 30 Sekunden wachsweich kochen. Kalt abschrecken.

5 Den Salat verlesen, waschen und trocken schleudern. Die Frühlingszwiebeln putzen, waschen und in feine Ringe schneiden. Salat und Frühlingszwiebeln in eine Salatschüssel geben. Aceto balsamico, Honig, Kürbiskernöl, 1 EL Rapsöl, Salz, Pfeffer und Senf in einer Tasse mit einer Gabel verquirlen. Das Dressing zum Salat geben und untermischen. Mit Kürbiskernen bestreuen.

6 Die Eier pellen, längs aufschneiden und zusammen mit überbackenen Kartoffelscheiben und Salat auf zwei Tellern anrichten.

EIERVARIANTEN Statt eines wachsweichen Eies kannst du auch Spiegeleier oder pochierte Eier zu den Raclette-Kartoffeln servieren.
Um ein Ei zu pochieren, gibst du reichlich Wasser zusammen mit 3 EL Weißweinessig in einen Topf und erhitzt alles bis kurz vor dem Siedepunkt. Schlage ein Ei in eine Tasse auf. Rühre mit einem Kochlöffel im Topf, bis ein Strudel entsteht und lass das Ei vorsichtig hineingleiten. Das Eiweiß wickelt sich nun um das Eigelb und das Ei gart nun quasi ohne Schale. Für ein weiches Eigelb lässt du das Ei etwa 4 Minuten im Topf – das Wasser darf nicht kochen. Hebe das Ei mit einem Schaumlöffel heraus und halte es in lauwarmem Salzwasser warm, bis du das zweite Ei pochiert hast. Die pochierten Eier auf die überbackenen Kartoffelscheiben setzen, mit einem Messer einschneiden, damit das Eigelb etwas herausfließen kann, salzen und pfeffern.

Hirtensalat mit gebratenem Halloumi

Zubereitungszeit: 25 Minuten
Eine Portion enthält:, 889 kcal (3721 kJ), 28 g Eiweiß, 67 g Fett, 21 g Kohlenhydrate, 7 g Ballaststoffe

Zutaten für 2 Personen

40 g Pflücksalat
1 Minigurke (ca. 100 g)
200 g Kirschtomaten
1 kleine Avocado
2 Frühlingszwiebeln
40 g schwarze Oliven
30 g Pekannusskerne
2 EL Aceto balsamico bianco
3 EL Olivenöl
1 EL Ahornsirup
Salz
Pfeffer
1 TL getrockneter Oregano
200 g Halloumi

Zubereitung

1 Den Salat waschen und trocken schleudern. Die Gurke waschen, putzen, längs halbieren und quer in dünne Scheiben schneiden. Die Tomaten waschen und nach Belieben halbieren oder vierteln. Die Avocado halbieren, entkernen, das Fruchtfleisch mit einem Löffel aus den Schalen heben und in Spalten oder Würfel schneiden. Die Frühlingszwiebeln putzen, waschen und in dünne Ringe schneiden. Die vorbereiteten Zutaten zusammen mit den Oliven in eine Salatschüssel geben.

2 Die Nüsse grob hacken und in einer Pfanne ohne Fett rösten. Aceto balsamico, 2 EL Olivenöl, Ahornsirup, Salz, Pfeffer und Oregano in einer Tasse mit einer Gabel verquirlen. Das Dressing zum Salat geben und gut untermischen.

3 1 EL Olivenöl in einer beschichteten Pfanne erhitzen. Den Halloumi in Scheiben schneiden und im heißen Öl auf beiden Seiten bei mittlerer bis großer Hitze goldbraun braten.

4 Salat und Halloumi auf zwei Tellern anrichten und mit den Pekannüssen bestreuen.

Baked Feta Pasta

Zubereitungszeit: 10 Minuten
Backzeit: 25 Minuten
Eine Portion enthält: 634 kcal (2655 kJ), 22 g Eiweiß, 40 g Fett, 41 g Kohlenhydrate, 2 g Ballaststoffe

Zutaten für 2 Personen

150 g Feta
400 g bunte Kirschtomaten
2 Knoblauchzehen
50 g gemischte Oliven
Salz
Pfeffer
1 TL getrockneter Oregano
2 EL Olivenöl
2 EL Mandelstifte
100 g kurze Vollkornnudeln (z. B. Spirelli)

Zubereitung

1 Den Backofen auf 200 °C vorheizen. Den Feta am Stück mittig in eine Auflaufform legen.

2 Die Tomaten waschen. Die Knoblauchzehen schälen und in Scheiben schneiden. Tomaten, Knoblauch und Oliven rund um den Feta in der Form verteilen. Alles mit Salz, Pfeffer und Oregano würzen, mit dem Olivenöl beträufeln und mit den Mandelstiften bestreuen.

3 Die Feta-Mischung im heißen Ofen (Mitte) 25 Minuten backen, bis der Feta weich ist und die Tomaten aufgeplatzt sind.

4 Inzwischen die Nudeln in reichlich kochendem Salzwasser al dente garen, dann abgießen, dabei eine Tasse Kochwasser auffangen. Die Nudeln abtropfen lassen.

5 Den Feta aus dem Ofen holen. Feta und Gemüse in der Form mit einer Gabel verrühren, die Nudeln dazugeben und untermischen. Wenn die Pasta sehr trocken ist, noch etwas Nudelkochwasser untermischen. Die Nudeln auf zwei Tellern anrichten.

VARIANTE Du kannst für eine grüne Variante die Kirschtomaten durch aufgetauten TK-Spinat ersetzen und die Oliven durch getrocknete Tomaten. Gib dafür zusätzlich 50 ml Wasser mit in die Auflaufform.

Winterliche Gemüsesuppe

Zubereitungszeit: 30 Minuten
Eine Portion enthält: 469 kcal (1962 kJ), 21 g Eiweiß, 18 g Fett, 52 g Kohlenhydrate, 19 g Ballaststoffe

Zutaten für 2 Personen

200 g Grünkohl
200 g Möhren
3 EL Olivenöl
100 g TK-Erbsen
50 g Graupen
1 EL Tomatenmark
600 ml Gemüsebrühe
1 Dose weiße Bohnen (250 g Abtropfgewicht)
2 Stängel glatte Petersilie
1 TL abgeriebene Bio-Zitronenschale
Salz
Pfeffer

Zubereitung

1 Den Grünkohl waschen, putzen und von den dicken Blattrippen befreien. Die Blätter quer in Streifen schneiden. Die Möhren putzen, schälen, längs halbieren und quer in dünne Scheiben schneiden.

2 1 EL Olivenöl in einem Topf erhitzen und Grünkohl, Möhren, Erbsen und Graupen darin 2 Minuten anbraten. Das Tomatenmark dazugeben und 1 Minute mitrösten.

3 Den Topfinhalt mit der Gemüsebrühe aufgießen und zum Kochen bringen. Die Bohnen in ein Sieb abgießen, abspülen, abtropfen lassen und in die Suppe geben. Diese zugedeckt bei mittlerer Hitze 10 Minuten köcheln lassen.

4 Inzwischen die Petersilie waschen und trocken schütteln, die Blätter abzupfen und fein hacken. Petersilie, Zitronenschale und 2 EL Olivenöl in einer kleinen Schale mischen und mit Salz und Pfeffer abschmecken.

5 Die Suppe mit Salz und Pfeffer abschmecken, auf zwei Schalen verteilen und mit der Petersilien-Zitronenschalen-Mischung toppen.

BALLASTSTOFF-KNÜLLER Diese Gemüsesuppe versorgt dich mit zwei Dritteln der täglich empfohlenen Menge an Ballaststoffen. Diese unverdaulichen Kohlenhydrate halten dich lange satt und beeinflussen deinen Blutzuckerspiegel positiv, denn sie wirken wie eine Verpackung für leicht verdauliche Kohlenhydrate, sodass diese langsamer vom Darm ins Blut übergehen.

Zucchinibratlinge mit Joghurt-Dip

Zubereitungszeit: 45 Minuten
Eine Portion enthält: 588 kcal (2464 kJ), 28 g Eiweiß, 43 g Fett, 26 g Kohlenhydrate, 5 g Ballaststoffe

Zutaten für 2 Personen

500 g Zucchini
Salz
1 Zwiebel
100 g mittelalter Gouda
1 Ei, Größe M
40 g zarte Haferflocken
Pfeffer
4 Stängel Petersilie
200 g Joghurt (3,8 % Fett)
4 EL Rapsöl

Zubereitung

1 Die Zucchini waschen, putzen und raspeln. Die Raspel in einer Schüssel mit 1 TL Salz mischen und 5 Minuten Wasser ziehen lassen. Die Zwiebel schälen und fein würfeln. Den Gouda fein reiben.

2 Die Zucchiniraspel auf ein sauberes Geschirrtuch geben, die Ecken oben zusammennehmen und die Raspel durch das Tuch über dem Spülbecken gründlich ausdrücken.

3 Zucchiniraspel, Zwiebel, Ei, Haferflocken, Käse, Salz und Pfeffer in eine Schüssel geben und gut durchmischen. Die Masse ruhen lassen.

4 Petersilie waschen und trocken schütteln, die Blätter abzupfen und fein hacken. Joghurt, Petersilie, Salz und Pfeffer in einer Schale mischen.

5 Aus der Zucchinimasse sechs Bratlinge formen. Das Öl in einer beschichteten Pfanne erhitzen und die Bratlinge darin bei mittlerer bis großer Hitze auf jeder Seite 4–5 Minuten braten, bis sie goldbraun sind. Bratlinge und Joghurt-Dip auf zwei Tellern anrichten.

Pizza-Omelett mit Croûtons

Zubereitungszeit: 35 Minuten
Eine Portion enthält: 645 kcal (2701 kJ), 32 g Eiweiß, 42 g Fett, 33 g Kohlenhydrate, 8 g Ballaststoffe

Zutaten für 2 Personen

150 g Brokkoliröschen
1 rote Spitzpaprika
100 g Kirschtomaten
1 rote Zwiebel
4 Eier, Größe M
50 ml Milch (3,5 % Fett)
50 g geriebener Parmesan
1 TL getrockneter Oregano
Salz
Pfeffer
4 EL Olivenöl
2 Scheiben Vollkornbrot (à 50 g)

Zubereitung

1 Den Brokkoli putzen, waschen und abtropfen lassen. Die Paprika waschen, längs halbieren, von Kernen und weißen Trennwänden befreien und klein würfeln. Die Tomaten waschen und vierteln. Die Zwiebel schälen, halbieren und in feine Halbmonde schneiden.

2 Eier, Milch, Parmesan, Oregano, Salz und Pfeffer in einem hohen Rührbecher verquirlen.

3 2 EL Öl in einer beschichteten Pfanne erhitzen und Brokkoli, Paprika und Zwiebelringe darin 5 Minuten andünsten. Dann die Tomaten dazugeben und 2 Minuten mitbraten.

4 Die Eiermasse auf dem Gemüse verteilen und bei mittlerer Hitze in etwa 10 Minuten stocken lassen.

5 Inzwischen das Brot in 1 cm große Würfel schneiden. 2 EL Öl in einer zweiten Pfanne erhitzen und die Brotwürfel darin von allen Seiten knusprig braten.

6 Das Omelett in der Pfanne vierteln und je zwei Viertel auf einen Teller geben. Das Pizza-Omelett mit den Croûtons bestreuen.

TOPPING-TIPP Nach Belieben kannst du zusätzlich 4 EL Pinienkerne in einer Pfanne rösten und auf dem Omelett verteilen. Außerdem passt ein knackiger Blattsalat zur Pfannenpizza.

Kürbisspätzle-Gemüse-Pfanne

Zubereitungszeit: 45 Minuten
Eine Portion enthält: 718 kcal (3006 kJ), 28 g Eiweiß, 33 g Fett, 71 g Kohlenhydrate, 7 g Ballaststoffe

Zutaten für 2 Personen

150 g Kürbisfruchtfleisch (Hokkaido)
Salz
150 g Weizenmehl (Type 1050)
2 Eier, Größe M
2 EL Kürbiskerne
2 EL Rapsöl
400 g TK-Kaisergemüse (Möhren, Brokkoli, Blumenkohl)
100 g Kräuterfrischkäse
Salz
Pfeffer
½ Bund Schnittlauch

Außerdem

Spätzlehobel

Zubereitung

1 Das Kürbisstück waschen und in 2 cm große Würfel schneiden. In kochendem Salzwasser zugedeckt 10 Minuten garen, dann in ein Sieb abgießen und abtropfen lassen. Die Kürbiswürfel in einem hohen Rührbecher pürieren.

2 Kürbispüree, ½ TL Salz, Mehl und Eier in eine Rührschüssel geben, mit einem Kochlöffel rühren, vermengen und schlagen, bis ein glatter Teig entstanden ist, der Blasen wirft.

3 Im Topf erneut Salzwasser zum Kochen bringen. Den Spätzleteig portionsweise in den Spätzlehobel füllen und ins kochende Salzwasser reiben. Sobald die Spätzle an die Oberfläche steigen, diese mit einem Schaumlöffel aus dem Topf in eine Schüssel heben. So fortfahren, bis der Teig aufgebraucht ist. 200 ml Spätzlekochwasser aus dem Topf aufheben.

4 Die Kürbiskerne in einer Pfanne ohne Fett anrösten, bis sie anfangen zu duften, dann auf einem Teller abkühlen lassen.

5 Das Öl in der Pfanne erhitzen und das Gemüse darin zugedeckt bei mittlerer bis großer Hitze auftauen und erhitzen. Das Spätzlekochwasser und den Frischkäse dazugeben und erhitzen, bis der Käse geschmolzen ist. Die Spätzle unterheben und alles köcheln lassen, bis die Sauce schön sämig geworden ist.

6 Die Spätzle-Gemüse-Pfanne mit Salz und Pfeffer abschmecken. Den Schnittlauch waschen, trocken schütteln und in Röllchen schneiden. Spätzlepfanne mit Schnittlauch und Kürbiskernen bestreut servieren.

Sauerkraut mit Schupfnudeln und Senf-Skyr

Zubereitungszeit: 25 Minuten
Eine Portion enthält: 460 kcal (1926 kJ), 14 g Eiweiß, 17 g Fett, 58 g Kohlenhydrate, 6 g Ballaststoffe

Zutaten für 2 Personen

1 Zwiebel
3 EL Rapsöl
400 g Sauerkraut
100 ml Apfelsaft
1 Lorbeerblatt
1 TL Kümmelkörner
Salz
Pfeffer
150 g Skyr
1 EL süßer Senf
250 g Schupfnudeln (Kühlregal)

Zubereitung

1 Die Zwiebel schälen und klein würfeln. 1 EL Öl in einem Topf erhitzen und die Zwiebel darin glasig dünsten. Sauerkraut, Apfelsaft, Lorbeerblatt, Kümmel, Salz und Pfeffer dazugeben, zum Kochen bringen und das Kraut zugedeckt bei kleiner bis mittlerer Hitze 15 Minuten köcheln lassen.

2 10 Minuten vor Ende der Sauerkraut-Garzeit Skyr und Senf in einer Schale verrühren und mit Salz und Pfeffer abschmecken.

3 2 EL Öl in einer Pfanne erhitzen und die Schupfnudeln darin bei mittlerer bis großer Hitze anbraten, sodass sie leicht gebräunt sind.

4 Sauerkraut und Schupfnudeln zusammen mit dem Senf-Skyr auf Tellern anrichten.

Rahmspinat, knusprige Kartoffeln und Spiegelei

Zubereitungszeit: 35 Minuten
Backzeit: 40 Minuten
Eine Portion enthält: 475 kcal (1987 kJ),
18 g Eiweiß, 33 g Fett,
23 g Kohlenhydrate, 8 g Ballaststoffe

Zutaten für 2 Personen

250 g Kartoffeln
4 EL Rapsöl
Salz
500 g Blattspinat
1 Schalotte
50 g Sahne
Pfeffer
frisch geriebene Muskatnuss
2 Eier, Größe M

Zubereitung

1 Den Backofen auf 220 °C vorheizen. Die Kartoffeln waschen, in Spalten schneiden, mit 1 EL Öl und etwas Salz mischen und auf einem Backblech verteilen. Die Kartoffeln im heißen Ofen (Mitte) 30–40 Minuten backen, bis sie schön gebräunt sind.

2 Inzwischen den Spinat verlesen, von groben Stielen befreien, waschen und in einem Sieb abtropfen lassen. Die Schalotte schälen und fein würfeln.

3 1 EL Öl in einem großen Topf erhitzen und die Schalotte darin glasig dünsten. Den Spinat dazugeben und zugedeckt bei großer Hitze zusammenfallen lassen. Die Sahne dazugeben. Den Rahmspinat mit Salz, Pfeffer und Muskat abschmecken. Die Rahmsauce offen noch etwas reduzieren, bis die Spiegeleier fertig sind.

4 2 EL Öl in einer beschichteten Pfanne erhitzen. Die Eier nacheinander aufschlagen und in die Pfanne gleiten lassen. Bei mittlerer Hitze Spiegeleier daraus braten und mit Salz und Pfeffer übermahlen. Spinat, Kartoffeln und Spiegeleier auf zwei Tellern anrichten.

Spicy Süßkartoffel-Linsen-Eintopf

Zubereitungszeit: 20 Minuten
Garzeit: 35 Minuten
Eine Portion enthält: 334 kcal (1399 kJ), 13 g Eiweiß, 7 g Fett, 53 g Kohlenhydrate, 13 g Ballaststoffe

Zutaten für 4 Personen

1 Süßkartoffel (ca. 500 g)
1 Zwiebel
2 Knoblauchzehen
150 g Teller- oder Berglinsen
2 EL Olivenöl
1–2 TL Harissapaste (je nach gewünschter Schärfe)
1 l Gemüsebrühe
500 ml Tomatensaft
Salz
Pfeffer
1 TL gemahlener Kreuzkümmel
½ Bund Koriander oder Petersilie

Zubereitung

1 Die Süßkartoffel schälen und in 1–2 cm große Würfel schneiden. Zwiebel und Knoblauch schälen und fein hacken. Die Linsen in einem feinen Sieb abspülen und abtropfen lassen.

2 Das Olivenöl in einem Topf erhitzen. Süßkartoffeln, Zwiebel, Knoblauch und Linsen darin 2 Minuten anbraten. Harissa dazugeben und kurz mitbraten.

3 Den Topfinhalt mit Brühe und Tomatensaft ablöschen, zum Kochen bringen und zugedeckt bei kleiner bis mittlerer Hitze 35 Minuten köcheln lassen, bis Linsen und Süßkartoffeln gar sind.

4 Den Eintopf mit Salz, Pfeffer und Kreuzkümmel abschmecken. Koriander oder Petersilie waschen, trocken schütteln und fein hacken.

5 Den Eintopf auf Schalen verteilen und mit Koriander bestreut servieren. Die Suppe schmeckt auch püriert sehr gut. Falls sie zu dickflüssig ist, noch etwas Wasser unterrühren.

SUPERFOOD LINSEN Linsen sind wie alle Hülsenfrüchte eine hervorragende Quelle für hochwertiges Eiweiß und Ballaststoffe. Beide helfen dir dabei, deinen Blutzuckerspiegel in Zaum zu halten.

Saltimbocca mit Pfannengemüse und Polenta

Zubereitungszeit: 30 Minuten
Eine Portion enthält: 597 kcal (2501 kJ), 43 g Eiweiß, 34 g Fett, 32 g Kohlenhydrate, 5 g Ballaststoffe

Zutaten für 2 Personen

2 EL Pinienkerne
200 g Fenchel
200 g Zucchini
4 EL Olivenöl
Salz
Pfeffer
½ TL getrockneter Thymian
2 EL Aceto balsamico
4 kleine dünne Kalbsschnitzel (à ca. 65 g)
4 hauchdünne Scheiben Parmaschinken
4 Salbeiblätter
300 ml Gemüsebrühe
60 g Polenta
2 EL geriebener Parmesan

Außerdem
Zahnstocher

Zubereitung

1 Die Pinienkerne in einer Pfanne ohne Fett rösten, bis sie anfangen zu duften. Auf einem Teller abkühlen lassen. Den Fenchel waschen, putzen, längs halbieren, vom Strunk befreien und quer in dünne Streifen schneiden. Zucchini putzen, waschen, längs halbieren und quer in 1 cm dicke Scheiben schneiden.

2 In einer Pfanne 2 EL Olivenöl erhitzen und Fenchel und Zucchini darin bei großer Hitze anbraten, bis das Gemüse beginnt zu bräunen. Die Hitze reduzieren, das Gemüse mit Salz, Pfeffer, Thymian und Aceto balsamico würzen und 5 Minuten weiterbraten. Dabei ab und zu wenden.

3 Inzwischen die Schnitzel kalt abspülen, mit Küchenpapier abtrocknen, salzen und pfeffern. Die Parmaschinkenscheiben quer halbieren. Jedes Schnitzel mit einer halben Schinkenscheibe und einem Salbeiblatt belegen und beides mit je einem Zahnstocher fixieren.

4 Das Gemüse auf der ausgeschalteten Herdplatte zugedeckt warm halten. Mit den Pinienkernen bestreuen. In einem kleinen Topf die Gemüsebrühe zum Kochen bringen, die Polenta einrühren, kurz aufkochen lassen und bei ganz kleiner Hitze 5 Minuten quellen lassen.

5 1 EL Öl in einer beschichteten Pfanne erhitzen und die Schnitzel mit der Salbeiseite nach unten 1 Minute scharf anbraten, wenden, nochmals 1 Minute braten, dann auf der ausgeschalteten Herdplatte in der Pfanne warm halten und nachziehen lassen.

6 1 EL Öl und den Parmesan unter die Polenta rühren und mit Salz und Pfeffer abschmecken. Das Gemüse ebenfalls nochmals mit Salz und Pfeffer abschmecken. Saltimbocca, Polenta und Gemüse auf zwei Tellern anrichten und mit dem Bratensaft der Schnitzel beträufeln.

VARIANTE Wenn du Kalbfleisch nicht bekommst oder nicht essen möchtest, kannst du das Saltimbocca auch mit Hähnchen- oder Putenschnitzeln herstellen.

Gemüse-Rahm-Geschnetzeltes mit Naturreis

Zubereitungszeit: 30 Minuten
Eine Portion enthält: 545 kcal (2280 kJ), 43 g Eiweiß, 21 g Fett, 43 g Kohlenhydrate, 10 g Ballaststoffe

Zutaten für 2 Personen

80 g Naturreis
Salz
1 Möhre
1 Spitzpaprika
1 kleine Zucchini
100 g Champignons
250 g Hähnchenbrustfilet
3 EL Mandelstifte
1 EL Rapsöl
Salz
Pfeffer
150 ml Gemüsebrühe
50 ml Kochsahne
4 Stängel Petersilie

Zubereitung

1 Den Reis nach Packungsangabe in kochendem Salzwasser garen. Inzwischen die Möhre putzen, schälen und in dünne Scheiben schneiden. Die Paprika waschen, längs halbieren, von Kernen und weißen Trennwänden befreien und in Streifen schneiden. Zucchini putzen, waschen, längs halbieren und quer in Scheiben schneiden. Champignons putzen und in Scheiben schneiden.

2 Das Hähnchenbrustfilet kalt abspülen, mit Küchenpapier abtrocknen und in mundgerechte Stücke schneiden. Die Mandelstifte in einer Pfanne ohne Fett rösten, bis sie anfangen zu duften. Auf einem Teller abkühlen lassen.

3 Das Öl in der Pfanne erhitzen und das Hähnchenfleisch darin 3 Minuten anbraten. Das Gemüse dazugeben und 4 Minuten weiterbraten. Das Gemüse salzen, pfeffern und mit Brühe und Kochsahne aufgießen. Die Hähnchen-Gemüse-Pfanne aufkochen und bei kleiner Hitze zugedeckt 5 Minuten köcheln lassen.

4 Inzwischen die Petersilie waschen und trocken schütteln, die Blätter abzupfen und fein hacken. Hähnchen-Gemüse-Pfanne mit Salz und Pfeffer abschmecken und mit Petersilie bestreuen. Den Reis bei Bedarf abgießen. Die Mandelstifte unter den Reis heben. Reis und Geschnetzeltes auf zwei Tellern anrichten.

Reis-Spinat-Pfanne mit Hähnchen

Zubereitungszeit: 50 Minuten
Eine Portion enthält: 507 kcal (2122 kJ), 42 g Eiweiß, 19 g Fett, 42 g Kohlenhydrate, 10 g Ballaststoffe

Zutaten für 2 Personen

1 Zwiebel
3 EL Olivenöl
100 g Naturreis
400 g TK-Blattspinat
400 ml Gemüsebrühe
Salz
Pfeffer
1 TL getrockneter Thymian
250 g Hähnchenbrustfilet
150 g Kirschtomaten

Zubereitung

1 Die Zwiebel schälen und in Würfel schneiden. 1 EL Olivenöl in einer Pfanne erhitzen und die Zwiebel darin glasig dünsten. Den Reis dazugeben und 2 Minuten mitdünsten.

2 Spinat, Brühe, Salz, Pfeffer und Thymian in die Pfanne geben, zum Kochen bringen und die Mischung zugedeckt bei kleiner Hitze etwa 35 Minuten köcheln lassen, bis der Reis gar ist.

3 Inzwischen das Hähnchenfilet kalt abspülen, mit Küchenpapier abtrocknen, in mundgerechte Stücke schneiden, salzen und pfeffern. Die Tomaten waschen.

4 Restliche 2 EL Olivenöl in einer zweiten Pfanne erhitzen und die Hähnchenstreifen darin anbraten, bis sie gar und leicht gebräunt sind. Die Tomaten mit in die Pfanne geben und so lange mitbraten, bis sie aufplatzen. Mit Salz und Pfeffer würzen.

5 Die Reispfanne nochmals mit Salz und Pfeffer abschmecken, auf zwei Teller verteilen und Hähnchen und Tomaten darauf anrichten.

Pilz-Frikadellen mit Brokkoli-Kartoffel-Püree

Zubereitungszeit: 35 Minuten
Eine Portion enthält: 683 kcal (2858 kJ), 35 g Eiweiß, 49 g Fett, 22 g Kohlenhydrate, 10 g Ballaststoffe

Zutaten für 2 Personen

1 Schalotte
200 g Pilze
3 EL Rapsöl
200 g Rinderhackfleisch
1 Ei
30 g zarte Haferflocken
1 TL scharfer Senf
1 TL getrockneter Majoran
Salz
Pfeffer
100 g mehligkochende Kartoffeln
300 g Brokkoli
50 g Schmand
frisch geriebene Muskatnuss
2 EL Mandelblättchen

Zubereitung

1 Die Schalotte schälen und fein würfeln. Die Pilze putzen und in sehr kleine Würfel hacken. 1 EL Öl in einer Pfanne erhitzen und Zwiebel und Pilze darin 5 Minuten bei mittlerer Hitze anbraten.

2 Hackfleisch, Ei, Schalotten-Pilz-Mix, Haferflocken, Senf, Majoran, Salz und Pfeffer in eine Schüssel geben und mit den Händen zu einer glatten Masse verkneten. Kurz ruhen lassen.

3 Die Kartoffeln schälen und in kleine Würfel schneiden. Brokkoli waschen, putzen und in Röschen teilen. Den Stiel schälen und würfeln. In einem Topf Salzwasser zum Kochen bringen und Kartoffeln und Brokkoli darin zugedeckt bei mittlerer Hitze 8 Minuten garen.

4 Inzwischen aus der Hackfleisch-Pilz-Masse vier Frikadellen formen. 2 EL Öl in einer beschichteten Pfanne erhitzen und die Frikadellen darin 6–8 Minuten von beiden Seiten anbraten, bis sie gebräunt und innen gar sind.

5 Das Gemüse in ein Sieb abgießen, die Kochflüssigkeit auffangen. Das Gemüse zurück in den Topf geben und mit dem Pürierstab kurz durchmixen. Das Püree darf gerne noch etwas stückig sein. Wenn das Püree zu fest ist, noch etwas Kochflüssigkeit dazugeben und unterrühren. Den Schmand unters Püree heben und mit Salz, Pfeffer und Muskat abschmecken. Die Mandelblättchen nach Belieben anrösten.

6 Frikadellen und Püree auf zwei Tellern anrichten. Das Püree mit den Mandelblättchen bestreuen.

Gemüse-Spaghetti alla Bolognese

Zubereitungszeit: 30 Minuten
Schmorzeit: 1 Stunde
Eine Portion enthält: 639 kcal (2674 kJ), 32 g Eiweiß, 32 g Fett, 49 g Kohlenhydrate, 10 g Ballaststoffe

Zutaten für 2 Personen

1 kleine Zwiebel
1 Knoblauchzehe
2 EL Olivenöl
200 g Rinderhackfleisch
1 EL Tomatenmark
1 Dose stückige Tomaten (400 g)
Salz
Pfeffer
je 1 TL getrockneter Oregano und Thymian
100 g Vollkornspaghetti
200 g Möhren
2 EL geriebener Parmesan

Zubereitung

1 Zwiebel und Knoblauch schälen und fein hacken. 1 EL Olivenöl in einem Topf erhitzen und das Hackfleisch darin krümelig anbraten. Zwiebel und Knoblauch dazugeben und 5 Minuten mitbraten.

2 Das Tomatenmark unterrühren, kurz anbraten und den Topfinhalt mit den Dosentomaten aufgießen. Die Bolognese mit Salz, Pfeffer, Oregano und Thymian würzen, zum Kochen bringen und bei kleiner Hitze zugedeckt 1 Stunde köcheln lassen.

3 Etwa 15 Minuten vor Ende der Bolognese-Garzeit die Spaghetti in kochendem Salzwasser nach Packungsangabe al dente kochen.

4 Die Möhren putzen, schälen und mit einem Spirellischneider oder einem scharfen Messer in lange dünne Streifen schneiden. 1 EL Öl in einem Topf erhitzen und die Möhren darin 3 Minuten andünsten.

5 Die Spaghetti in ein Sieb abgießen, abtropfen lassen und im Topf mit den Möhren-Spaghetti mischen. Die Bolognese nochmals mit Salz, Pfeffer und Kräutern abschmecken. Pasta und Sauce auf zwei Tellern anrichten und mit Parmesan bestreuen.

TIPP FÜR MEHR GESCHMACKSTIEFE Du kannst die Hackfleisch-Tomatenmark-Mischung mit einem Schuss Rotwein ablöschen, bevor die Tomaten mit in den Topf kommen. Das verleiht der Bolognese-Sauce eine noch größere Aromenvielfalt.

Ratatouille mit Hähnchenbrust aus dem Ofen

Zubereitungszeit: 15 Minuten
Garzeit: 45 Minuten
Eine Portion enthält (ohne Kohlenhydratbeilage): 360 kcal (1508 kJ), 40 g Eiweiß, 17 g Fett, 11 g Kohlenhydrate, 2 g Ballaststoffe

Zutaten für 2 Personen

1 kleine Zwiebel
2 Knoblauchzehen
1 gelbe Paprika
1 kleine Zucchini
200 g Kirschtomaten
Salz
Pfeffer
1 ½ TL getrockneter Rosmarin
3 EL Olivenöl
2 kleine Hähnchenbrustfilets (à 150 g)

Zubereitung

1 Den Backofen auf 200 °C vorheizen. Zwiebel und Knoblauch schälen und fein würfeln. Die Paprika waschen, längs halbieren, von Kernen und Trennwänden befreien und in 2 cm große Würfel schneiden. Die Zucchini putzen, waschen, längs vierteln und quer in Stücke schneiden. Die Tomaten waschen und vierteln.

2 Das vorbereitete Gemüse in einer Auflaufform mit Salz, Pfeffer, 1 TL Rosmarin und 2 EL Olivenöl mischen.

3 Die Hähnchenbrustfilets kalt abspülen, mit Küchenpapier abtrocknen, mit Salz, Pfeffer und dem restlichen Rosmarin einreiben und auf das Gemüse legen. Alles mit 1 EL Olivenöl beträufeln und im heißen Ofen (Mitte) 40–45 Minuten backen.

4 Hähnchen und Ratatouille auf zwei Tellern anrichten.

KOHLENHYDRATBEILAGE Möchtest du eine Kohlenhydratbeilage dazu essen, kannst du pro Portion 50 g Vollkornbaguette dazu reichen oder 40 g (roh) Vollkornpasta, Couscous oder Bulgur.

Dönerteller mit Couscous

Zubereitungszeit: 30 Minuten
Eine Portion enthält: 559 kcal (2340 kJ), 43 g Eiweiß, 24 g Fett, 38 g Kohlenhydrate, 9 g Ballaststoffe

Zutaten für 2 Personen

250 g Putenschnitzel
½ TL edelsüßes Paprikapulver
½ TL Schwarzkümmel
½ TL getrockneter Thymian
3 EL Olivenöl
Salz
Pfeffer
½ rote Zwiebel
1 große Handvoll Pflücksalat (ca. 100 g)
200 g Kirschtomaten
4 eingelegte grüne Peperoni
80 g Couscous
2 EL Ajvar
100 g Joghurt (3,5 % Fett)
2 EL gemahlene Mandeln

Zubereitung

1 Die Putenschnitzel kalt abspülen, mit Küchenpapier abtrocknen und quer in 5 mm dicke Streifen schneiden. Putenstreifen, Paprikapulver, Schwarzkümmel, Thymian, 1 EL Olivenöl, Salz und Pfeffer in einer Schüssel vermengen.

2 Die Zwiebel schälen und quer in feine Streifen schneiden. Den Salat waschen und trocken schleudern. Die Tomaten waschen und in Scheiben schneiden. Die Peperoni abtropfen lassen.

3 Couscous und eine Prise Salz in eine Schale geben, mit 100 ml kochendem Wasser übergießen und zugedeckt 5–10 Minuten quellen lassen.

4 Inzwischen Ajvar, Joghurt, 1 EL Olivenöl und Mandeln in einer Schale verrühren und mit Salz und Pfeffer abschmecken.

5 Eine beschichtete Pfanne erhitzen und die marinierten Fleischstreifen darin bei großer Hitze anbraten, bis sie leicht gebräunt sind. Den restlichen EL Öl unter den Couscous heben und die Körner mit einer Gabel auflockern.

6 Das Fleisch auf zwei Teller verteilen. Daneben Couscous, Salat, Tomaten, Zwiebelstreifen, Peperoni und den Ajvar-Dip in Abteilungen anrichten.

Puten-Gemüse-Curry mit Bulgur

Zubereitungszeit: 35 Minuten
Eine Portion enthält: 599 kcal (2507 kJ), 36 g Eiweiß, 30 g Fett, 42 g Kohlenhydrate, 11 g Ballaststoffe

Zutaten für 2 Personen

Salz
80 g Bulgur
200 g Putenschnitzel
1 kleine Zucchini
1 rote Paprika
1 Stück Ingwer (2 cm lang)
1 Knoblauchzehe
200 ml Kokosmilch
2 EL gelbe Currypaste
1 EL Rapsöl
2 EL geröstete Erdnusskerne
4 Stängel Koriander (nach Belieben)
Salz
Pfeffer

Zubereitung

1 160 ml Salzwasser in einem kleinen Topf zum Kochen bringen. Den Bulgur darin zugedeckt bei kleiner Hitze nach Packungsanweisung garen.

2 Inzwischen das Putenfleisch kalt abspülen, mit Küchenpapier abtrocknen und in dünne Streifen schneiden. Zucchini putzen, waschen, längs vierteln und quer in 1 cm dicke Stücke schneiden. die Paprika waschen, längs vierteln, von Kernen und weißen Trennwänden befreien und quer in feine Streifen schneiden. Ingwer und Knoblauch schälen und fein reiben.

3 2 EL von der dicken Schicht der Kokosmilch in eine Pfanne geben und erhitzen. Die Currypaste einrühren und so lange braten, bis sich in der Kokosmilch kleine Löcher bilden. Das Öl dazugeben und erhitzen. Die Putenstreifen darin 3 Minuten anbraten, aus der Pfanne heben.

4 Ingwer, Knoblauch und das Gemüse in die Pfanne geben und 5 Minuten bei mittlerer bis großer Hitze braten. Die Kokosmilch angießen, das Fleisch wieder dazugeben und alles offen weitere 5 Minuten köcheln lassen.

5 Inzwischen die Erdnüsse hacken. Nach Belieben den Koriander waschen, trocken schütteln und fein hacken.

6 Das Curry mit Salz und Pfeffer abschmecken. Bulgur und Curry auf zwei Tellern anrichten und mit den Erdnüssen und nach Belieben dem gehackten Koriander bestreuen.

Rinderfilet mit orientalischem Möhrensalat

Zubereitungszeit: 30 Minuten
Ruhezeit: 20 Minuten
Eine Portion enthält: 585 kcal (2451 kJ), 37 g Eiweiß, 30 g Fett, 38 g Kohlenhydrate, 11 g Ballaststoffe

Zutaten für 2 Personen

250 g Rinderfilet
2 EL Mandeln
400 g Möhren
4 Datteln
¼ Bund Petersilie
1 EL Honig
1 EL Zitronensaft
2 EL Olivenöl
Salz
Pfeffer
¼ TL gemahlener Kreuzkümmel
100 g Kichererbsen (abgetropft; aus der Dose)
2 EL Rapsöl zum Braten

Zubereitung

1 Das Rinderfilet mit Küchenpapier abtrocknen und Raumtemperatur annehmen lassen.

2 Die Mandeln hacken und in einer Pfanne ohne Fett bei mittlerer Hitze rösten, bis sie anfangen zu duften. Auf einem Teller abkühlen lassen.

3 Die Möhren putzen, schälen und mit einem Sparschäler längs in dünne Streifen schneiden. Die Datteln fein würfeln. Die Petersilie waschen und trocken schütteln, die Blätter abzupfen und fein hacken.

4 Die Möhrenstreifen mit 4 EL Wasser in die Pfanne geben und bei mittlerer Hitze 3–5 Minuten zugedeckt dünsten, so dass sie noch etwas bissfest sind. Ab und zu wenden.

5 In einer Schüssel Honig, Zitronensaft, Olivenöl, 4 EL Wasser, Salz, Pfeffer und Kreuzkümmel verrühren. Möhren, Mandeln, Datteln, Kichererbsen und Petersilie dazugeben und vorsichtig mit dem Dressing mischen. Den Salat nochmals mit Salz und Pfeffer abschmecken und durchziehen lassen, bis das Fleisch fertig ist.

6 Den Backofen auf 150 °C vorheizen. Eine gusseiserne Pfanne stark erhitzen. Das Rapsöl hineingeben und erhitzen. Das Rinderfilet im heißen Öl 2 Minuten braten, dann ein Stück weiterdrehen und 2 Minuten braten – so fortfahren, bis das Filet rundherum angebraten ist. Salzen, pfeffern und 10–15 Minuten im heißen Backofen nachziehen lassen. Bei gewünschtem Gargrad das Filet aus dem Ofen nehmen, mit Alufolie abdecken und nochmals 5 Minuten ruhen lassen.

7 Das Filet quer zur Faser aufschneiden und zusammen mit dem Möhrensalat auf zwei Tellern anrichten.

Zitronenhähnchen mit Mangold-Hirse

Zubereitungszeit: 20 Minuten
Garzeit: 40 Minuten
Eine Portion enthält: 443 kcal (1854 kJ), 23 g Eiweiß, 23 g Fett, 31 g Kohlenhydrate, 6 g Ballaststoffe

Zutaten für 2 Personen

2 Hähnchenkeulen
Salz
Pfeffer
1 Bio-Zitrone
1 Zwiebel
2 Zweige Thymian
2 EL Olivenöl
80 g Hirse
300 g Mangold (ersatzweise Spinat oder Pak Choi)

Zubereitung

1 Den Backofen auf 200 °C vorheizen. Die Hähnchenkeulen kalt abspülen, mit Küchenpapier abtrocknen, in eine Auflaufform legen und rundherum mit Salz und Pfeffer einreiben.

2 Die Zitrone halbieren, den Saft einer Hälfte auspressen, die andere in Scheiben schneiden. Die Zwiebel schälen und in schmale Spalten schneiden. Den Thymian waschen und trocken schütteln. Zitronenscheiben, Zwiebelspalten und Thymian zum Hähnchen geben.

3 Zitronensaft, Olivenöl, Salz und Pfeffer in einer Tasse verquirlen und in die Auflaufform gießen. Die Hähnchenkeulen im heißen Ofen (Mitte) 40–50 Minuten garen, dabei ab und zu mit etwas Zitronensud übergießen.

4 Während das Hähnchen gart, die Hirse in einem feinen Sieb unter fließendem Wasser abspülen. Die Hirse zusammen mit 160 ml Wasser und einer Prise Salz in einem kleinen Topf zum Kochen bringen und bei kleiner Hitze 20 Minuten köcheln lassen.

5 Inzwischen den Mangold putzen, waschen und Blätter und Stängel in 1 cm breite Streifen schneiden. Den Mangold zusammen mit 3 EL Wasser in einen Topf geben, erhitzen und zugedeckt bei mittlerer Hitze 5 Minuten garen, mit Salz und Pfeffer abschmecken. Wenn sich viel Flüssigkeit im Topf gebildet hat, das Wasser abgießen und den Mangold unter die Hirse mischen. Mit Salz und Pfeffer abschmecken.

6 Zitronenhähnchen, Zwiebelspalten, Sud und Mangold-Hirse-Mischung auf zwei Tellern anrichten und genießen.

Paniertes Rotbarschfilet auf Lauchgemüse

Zubereitungszeit: 25 Minuten
Eine Portion enthält: 549 kcal (2300 kJ), 34 g Eiweiß, 31 g Fett, 32 g Kohlenhydrate, 8 g Ballaststoffe

Zutaten für 2 Personen

2 Stangen Lauch (ca. 500 g)
100 ml Gemüsebrühe
2 Stücke Rotbarschfilet (à 125 g)
2 EL Weizen- oder Dinkelvollkornmehl
1 Ei, Größe S
Salz
Pfeffer
20 g zarte Haferflocken
20 g Vollkornsemmelbrösel
2 EL Rapsöl
100 ml Sahne
1 TL süßer Senf

Zubereitung

1 Den Lauch putzen, längs aufschneiden, unter fließendem Wasser gründlich waschen und quer in dünne Scheiben schneiden. Lauch und Gemüsebrühe in einen Topf geben, zum Kochen bringen und zugedeckt bei mittlerer Hitze ca. 10 Minuten dünsten, dabei ab und zu umrühren.

2 Inzwischen den Fisch kalt abspülen, mit Küchenpapier abtrocknen und im Mehl wenden. Das Ei in einen tiefen Teller aufschlagen, salzen, pfeffern und verquirlen. Haferflocken und Semmelbrösel auf einem weiteren Teller mischen.

3 Fischstücke zuerst im Ei, dann in der Flocken-Brösel-Mischung wenden und die Panade mit den Händen andrücken.

4 Das Öl in einer beschichteten Pfanne erhitzen und den panierten Fisch darin bei mittlerer bis großer Hitze auf beiden Seiten je 3–4 Minuten goldbraun anbraten.

5 Sahne und Senf zum Lauchgemüse geben und die Flüssigkeit etwa 5 Minuten einkochen lassen, bis der Fisch fertig ist. Das Gemüse mit Salz und Pfeffer abschmecken und Fisch und Lauchgemüse auf zwei Tellern anrichten.

Kürbis-Linsen-Eintopf mit Meeresfrüchten

Zubereitungszeit: 30 Minuten
Eine Portion enthält: 444 kcal (1860 kJ), 32 g Eiweiß, 15 g Fett, 50 g Kohlenhydrate, 6 g Ballaststoffe

Zutaten für 2 Personen

1 Zwiebel
300 g Kürbisfruchtfleisch (Hokkaido oder Butternut)
150 g Kirschtomaten
2 EL Olivenöl
1 EL Tomatenmark
1 l Gemüsebrühe
100 g rote Linsen
Salz
Pfeffer
½ TL zerstoßene Fenchelsamen
200 g aufgetaute TK-Meeresfrüchte
4 Stängel Koriander

Zubereitung

1 Die Zwiebel schälen und fein hacken. Das Kürbisstück waschen, putzen und in 1 cm große Würfel schneiden. Die Tomaten waschen und vierteln.

2 Das Olivenöl in einem Topf erhitzen und Zwiebel, Kürbis und Tomaten darin 2 Minuten anbraten. Das Tomatenmark dazugeben und kurz mitbraten. Den Topfinhalt mit der Brühe ablöschen, aufkochen und bei kleiner Hitze zugedeckt 5 Minuten köcheln lassen.

3 Die roten Linsen dazugeben. Den Eintopf mit Salz, Pfeffer und Fenchel würzen und nochmals 5 Minuten köcheln lassen, bis die Linsen weich sind, aber nicht zerfallen. Die Meeresfrüchte dazugeben und im Eintopf heiß werden lassen.

4 Inzwischen den Koriander waschen, trocken schütteln und fein hacken. Den Eintopf erneut mit den Gewürzen abschmecken, auf zwei Schalen verteilen und mit Koriander bestreuen.

Zubereitungszeit: 20 Minuten
Eine Portion enthält: 428 kcal (1792 kJ), 27 g Eiweiß, 13 g Fett, 47 g Kohlenhydrate, 8 g Ballaststoffe

Zutaten für 2 Personen

100 g Vollkornspaghetti
Salz
1 Knolle Fenchel
1 kleine Zucchini (ca. 150 g)
6 getrocknete Snacktomaten
2 Knoblauchzehen
2 EL Olivenöl
1 EL Tomatenmark
200 g aufgetaute TK-Meeresfrüchte
Chiliflocken
1 TL getrockneter Thymian

Spaghetti Mare

Zubereitung

1 Die Spaghetti in kochendem Salzwasser nach Packungsanweisung knapp bissfest garen.

2 Inzwischen den Fenchel putzen, waschen, halbieren, vom Strunk befreien und längs in feine Streifen schneiden. Zucchini putzen, waschen und in 1 cm große Würfel schneiden. Die Snacktomaten in feine Streifen schneiden. Den Knoblauch schälen und in feine Scheiben schneiden.

3 Das Olivenöl in einer Pfanne erhitzen und Fenchel, Zucchini, Tomatenstreifen und Knoblauch darin 3 Minuten anbraten. Das Tomatenmark dazugeben und kurz mitbraten.

4 Die Spaghetti in ein Sieb abgießen, dabei eine Tasse Kochwasser auffangen. Spaghetti und Meeresfrüchte zum Gemüse in die Pfanne geben und untermischen. Die Pasta mit Salz, Chiliflocken und Thymian würzen und so lange köcheln lassen, bis sich Pasta, Gemüse und Meeresfrüchte cremig verbunden haben. Sollte die Mischung zu trocken sein, noch etwas Nudelkochwasser untermischen.

5 Die Pasta bei Bedarf nochmals mit den Gewürzen abschmecken und auf zwei tiefe Teller verteilen.

WÜRZIGES TOPPING Sehr lecker schmeckt eine Zitronen-Kräuter-Gremolata als Topping auf der Pasta. Dafür 4 EL gehackte Petersilie, 1 gehackte Knoblauchzehe, 2 EL gehackte Mandeln, abgeriebene Schale von ½ Bio-Zitrone, Salz, Pfeffer und 2 EL Olivenöl in einer Tasse mischen und auf der angerichteten Pasta verteilen.

Fischküchlein mit Asia-Salat

Zubereitungszeit: 45 Minuten
Eine Portion enthält: 578 kcal (2419 kJ), 30 g Eiweiß, 23 g Fett, 31 g Kohlenhydrate, 5 g Ballaststoffe

Zutaten für 2 Personen

25 g Vollkornbrot
300 g Kabeljaufilet
1 Schalotte
2 EL Rapsöl
½ Bund Koriander
1 Eigelb, Größe M
Salz
Pfeffer
1 TL Garam Masala
50 g Glasnudeln
200 g Gurke
100 g Radieschen (ohne Grün gewogen)
2 Frühlingszwiebeln
2 EL geröstetes Sesamöl
1 EL Limettensaft
2 EL Sojasauce
1 TL flüssiger Honig
¼ TL Chiliflocken

Zubereitung

1 Das Brot würfeln und in einer Tasse mit Wasser bedecken. Den Fisch kalt abspülen und mit Küchenpapier abtrocknen, in ca. 3 cm große Würfel schneiden und im Blitzhacker zerkleinern. Die Schalotte schälen und fein würfeln. ½ EL Öl in einer beschichteten Pfanne erhitzen und die Schalotte darin glasig dünsten. Koriander abbrausen, trocken schütteln und fein hacken.

2 Das Brot sehr gut ausdrücken und zusammen mit Fisch, Schalotte, der Hälfte des Korianders, Eigelb, Salz, Pfeffer und Garam Masala in eine Schüssel geben und mit den Händen zu einer geschmeidigen Masse verkneten. Kurz ruhen lassen.

3 Für den Salat die Glasnudeln nach Packungsanweisung garen, in ein Sieb abgießen und kalt abschrecken. Die Gurke waschen, putzen und in 5 mm große Würfel schneiden. Radieschen waschen, putzen und in feine Scheiben schneiden. Die Frühlingszwiebeln putzen, waschen und in feine Ringe schneiden. Die vorbereiteten Zutaten und den restlichen Koriander in einer Schüssel mischen.

4 Für das Dressing Sesamöl, Limettensaft, Sojasauce, Honig und Chiliflocken in einer Tasse verrühren, zur Glasnudelmischung in die Schüssel geben und gut untermischen. Den Salat bei Bedarf mit Salz und Chiliflocken abschmecken und durchziehen lassen.

5 Mit angefeuchteten Händen aus der Fisch-Masse vier Küchlein formen und in 1 ½ EL Rapsöl in der beschichteten Pfanne erhitzen und die Küchlein darin auf jeder Seite 3–4 Minuten braten. Fischküchlein und Salat auf zwei Tellern anrichten.

Teriyaki-Lachs mit Pak Choi und Naturreis

Zubereitungszeit: 30 Minuten
Eine Portion enthält: 560 kcal (2346 kJ), 33 g Eiweiß, 31 g Fett, 34 g Kohlenhydrate, 4 g Ballaststoffe

Zutaten für 2 Personen

80 g Naturreis
Salz
300 g Baby-Pak-Choi
2 Stücke Lachsfilet (à ca. 125 g)
2 EL geröstetes Sesamöl
2 EL Teriyaki-Sauce
2 EL Sojasauce
2 TL Sesam

Zubereitung

1 Den Reis nach Packungsanweisung in Salzwasser garen. Inzwischen die Pak-Choi-Stauden waschen, längs vierteln und so von den Strünken befreien, dass die Blätter noch zusammenhalten.

2 Lachsfiletstücke kalt abspülen und mit Küchenpapier abtrocknen. Das Sesamöl in einer beschichteten Pfanne erhitzen und den Lachs darin auf beiden Seiten bei großer Hitze je 1–2 Minuten anbraten, bis er leicht gebräunt ist. Aus der Pfanne auf einen Teller heben.

3 Teriyaki-Sauce, Sojasauce und 50 ml Wasser in die Pfanne geben und die Sauce zum Kochen bringen. Den Lachs hineinlegen, nochmals von jeder Seite 1–2 Minuten bei mittlerer bis großer Hitze braten, dabei immer wieder mit der Sauce übergießen. Zurück auf den Teller legen.

4 Pak-Choi-Viertel in die Pfanne geben und 3 Minuten bei mittlerer bis großer Hitze braten, dabei immer wieder wenden, sodass das Gemüse mit der Sauce ummantelt wird. Den Lachs auf das Pak-Choi-Gemüse legen und zugedeckt bei kleiner bis mittlerer Hitze warm halten, bis der Reis fertig ist.

5 Reis, Pak Choi und Lachs auf zwei Tellern anrichten und mit der restlichen Sauce aus der Pfanne beträufeln. Den Pak Choi mit Sesam bestreuen.

Lachs-Spinat-Lasagne

Zubereitungszeit: 30 Minuten
Backzeit: 35 Minuten
Eine Portion enthält: 622 kcal (2606 kJ), 40 g Eiweiß, 34 g Fett, 36 g Kohlenhydrate, 6 g Ballaststoffe

Zutaten für 4 Personen

1 Zwiebel
1 Knoblauchzehe
1 ½ EL Olivenöl
750 g TK-Spinat
1 Dose stückige Tomaten (400 g)
200 ml Gemüsebrühe
Salz
Pfeffer
2 TL getrockneter Oregano
375 g Lachsfilet
8 Lasagneplatten (ohne Vorkochen)
100 g Ricotta
50 g Parmesan
3 EL Pinienkerne

Zubereitung

1 Zwiebel und Knoblauch schälen und fein hacken. 1 EL Olivenöl in einer großen Pfanne erhitzen und Zwiebel und Knoblauch darin glasig dünsten. Den Spinat dazugeben und zugedeckt bei großer Hitze auftauen lassen, dabei immer wieder umrühren. Tomaten und Brühe dazugießen und zum Kochen bringen. Die Tomaten-Spinat-Mischung mit Salz, Pfeffer und Oregano abschmecken und offen 10 Minuten bei kleiner bis mittlerer Hitze köcheln lassen.

2 Den Backofen auf 180 °C vorheizen. Eine Auflaufform (ca. 20 x 25 cm) mit 1 TL Olivenöl auspinseln. Den Lachs kalt abspülen, mit Küchenpapier abtrocknen und in mundgerechte Stücke schneiden.

3 Ein Drittel der Spinat-Tomaten-Mischung in der Auflaufform verteilen. 4 Lasagneplatten nebeneinander darauflegen. Wieder ein Drittel Spinat-Tomaten-Mischung und den Lachs darauf verteilen. Die restlichen Lasagneplatten und das letzte Drittel Spinat-Tomaten-Mischung daraufschichten. Den Ricotta in Flöckchen auf der Lasagne verteilen. Den Parmesan reiben und die Lasagne damit bestreuen.

4 Die Lasagne im heißen Ofen (Mitte) 30–35 Minuten backen. 10 Minuten vor Ende der Backzeit die Pinienkerne auf die Lasagne streuen und mitrösten. Die Lasagne aus dem Ofen nehmen und vor dem Servieren noch 10 Minuten ruhen lassen, dann in Stücke schneiden und auf Tellern anrichten.

Ramen mit Garnelen

Zubereitungszeit: 40 Minuten
Eine Portion enthält: 559 kcal (2341 kJ), 41 g Eiweiß, 15 g Fett, 63 g Kohlenhydrate, 7 g Ballaststoffe

Zutaten für 2 Personen

2 Eier (Größe M)
1 Knoblauchzehe
1 Stück Ingwer (2 cm lang)
1 EL geröstetes Sesamöl
5 EL Sojasauce
2 EL Mirin (Reiswein)
4 EL helle Misopaste
1 Frühlingszwiebel
200 g Brokkoli
200 g Möhren
Salz
200 g vorgegarte Ramen-Nudeln
2 Stängel Koriander
200 g aufgetaute TK-Garnelen (geschält, gegart)
400 ml Dashi (ersatzweise Gemüsebrühe)

Zubereitung

1 Die Eier anstechen und in kochendem Wasser in 6–7 Minuten wachsweich garen. Inzwischen Knoblauch und Ingwer schälen und fein reiben. Das Sesamöl in einem kleinen Topf sanft erhitzen und Knoblauch und Ingwer darin 3 Minuten anschwitzen. Den Topfinhalt mit Sojasauce und Mirin ablöschen. Die Misopaste einrühren und die Mischung von der heißen Herdplatte nehmen. Die Eier abgießen und kalt abschrecken.

2 Die Frühlingszwiebel putzen, schälen und in feine Ringe schneiden. Brokkoli putzen und in kleine Röschen teilen. Die Möhren putzen, schälen und mit dem Sparschäler längs in feine Streifen schneiden. Salzwasser in einem Topf zum Kochen bringen und die Brokkoliröschen darin 4 Minuten garen, nach 3 Minuten die Möhrenstreifen dazugeben. Beides abgießen.

3 Ramen nach Packungsanweisung garen, in ein Sieb abgießen und abtropfen lassen. Den Koriander abbrausen, trocken schütteln und fein hacken. Die Garnelen kalt abbrausen und abtropfen lassen.

4 Dashi in einem Topf erhitzen. Die Eier pellen und längs halbieren. Die Misomischung in die Dashibrühe einrühren und die Garnelen darin erhitzen.

5 Brokkoli, Möhren, Ramen, Frühlingszwiebelringe und Garnelen in zwei großen Schalen in Abteilungen anrichten, mit Dashi übergießen. Die Eierhälften auf die Suppe setzen und alles mit gehacktem Koriander bestreuen.

Zubereitungszeit: 35 Minuten
Eine Portion enthält: 585 kcal (2450 kJ), 43 g Eiweiß, 32 g Fett, 29 g Kohlenhydrate, 7 g Ballaststoffe

Zutaten für 2 Personen

200 g Kartoffeln
Salz
4 EL Olivenöl
2 Eier, Größe M
150 g grüne TK-Bohnen
150 g Kirschtomaten
50 g Pflücksalat
½ rote Zwiebel
50 g Kalamata-Oliven
1 Knoblauchzehe
4 EL Gemüsebrühe
1 TL Dijonsenf
1 TL flüssiger Honig
½ TL getrockneter Thymian
1 EL Aceto balsamico bianco
Pfeffer
2 Thunfischsteaks (à ca. 125 g)

Thunfisch-Bowl Nizza-Style

Zubereitung

1 Kartoffeln waschen, in dünne Spalten schneiden und salzen. 1 EL Öl in einer Pfanne erhitzen und die Kartoffeln darin bei mittlerer bis großer Hitze 25 Minuten braten, bis sie außen leicht gebräunt und innen weich sind, dabei immer wieder wenden.

2 Die Eier anstechen und in kochendem Wasser in 6–7 Minuten wachsweich kochen. Inzwischen die Bohnen in kochendem Salzwasser 3 Minuten blanchieren, in ein Sieb abgießen, kalt abschrecken und abtropfen lassen.

3 Die Kirschtomaten waschen und vierteln. Den Pflücksalat waschen und trocken schleudern. Die Zwiebel schälen und quer in feine Halbringe schneiden. Die Oliven quer in Scheiben schneiden. Die Eier kalt abschrecken und pellen.

4 Für das Dressing die Knoblauchzehe schälen und fein reiben. Knoblauch, Brühe, Senf, Honig, 2 EL Olivenöl, Thymian, Aceto balsamico, Salz und Pfeffer in einer Tasse mit einer Gabel verquirlen.

5 Die Thunfischsteaks abspülen, mit Küchenpapier abtrocknen, salzen und pfeffern. 1 EL Olivenöl in einer beschichteten Pfanne erhitzen und die Thunfischsteaks darin auf jeder Seite 1 Minute scharf anbraten. In der Pfanne auf der ausgeschalteten Herdplatte 1 Minute ziehen lassen.

6 Den Pflücksalat auf zwei große Bowls verteilen. Darauf Kartoffeln, Bohnen, Tomaten, Zwiebelringe und Oliven in Abteilungen anrichten, leicht salzen und pfeffern. Die Eier vierteln und mittig daraufsetzen. Den Thunfisch quer zur Faser in 1 cm dicke Scheiben schneiden und rund um die Eier auf der Bowl anrichten. Die Bowls mit dem Dressing beträufeln und genießen.

Fisch-Spitzkohl-Auflauf mit Kartoffelkruste

Zubereitungszeit: 20 Minuten
Backzeit: 45 Minuten
Eine Portion enthält: 423 kcal (1773 kJ), 31 g Eiweiß, 23 g Fett, 26 g Kohlenhydrate, 8 g Ballaststoffe

Zutaten für 2 Personen

2 Stücke festfleischiges Fischfilet (à ca. 125 g; z. B. Kabeljau, Rotbarsch)
Salz
Pfeffer
1 TL mittelscharfer Senf
500 g Spitzkohl
2 EL Rapsöl
300 ml Gemüsebrühe
100 ml Kochsahne
200 g mehligkochende Kartoffeln
½ TL gemahlener Kümmel

Zubereitung

1 Den Backofen auf 180 °C vorheizen. Fischfiletstücke kalt abspülen, mit Küchenpapier abtrocknen, salzen, pfeffern und mit dem Senf bestreichen. Die Fischstücke in eine Auflaufform (ca. 20 × 25 cm) legen.

2 Den Spitzkohl waschen, längs vierteln, vom Strunk befreien und quer in feine Streifen schneiden. Das Rapsöl in einer Pfanne erhitzen und den Kohl darin 2 Minuten unter Wenden anbraten. Brühe und Sahne dazugießen und das Gemüse zugedeckt bei mittlerer Hitze 5 Minuten köcheln lassen.

3 Inzwischen die Kartoffeln waschen, schälen und in dünne Scheiben hobeln oder schneiden.

4 Den Spitzkohl mit Salz, Pfeffer und Kümmel würzen, auf dem Fisch verteilen und die Kartoffelscheiben dachziegelartig überlappend darauf verteilen. Den Auflauf im heißen Ofen 40–45 Minuten backen, bis die Kartoffeln gar und leicht gebräunt sind. Aus dem Ofen nehmen und vor dem Anrichten noch 5–10 Minuten ruhen lassen.

KEINE LUST AUF WARTEN? Dann koch die Kartoffeln als Salzkartoffeln, gare den Spitzkohl wie oben beschrieben in der Pfanne und gib dann nur die Kochsahne dazu. Die Brühe lässt du weg. Die Fischfilets mit Salz, Pfeffer und Senf einreiben und in einer beschichteten Pfanne in 1 EL Öl braten.

Blumenkohl-Curry-Suppe mit Tandoori-Fisch

Zubereitungszeit: 30 Minuten
Eine Portion enthält: 474 kcal (1986 kJ), 32 g Eiweiß, 26 g Fett, 23 g Kohlenhydrate, 7 g Ballaststoffe

Zutaten für 2 Personen

400 g Blumenkohl (geputzt gewogen)
200 g Kartoffeln
1 Zwiebel
2 EL Rapsöl
2 TL Currypulver
700 ml Gemüsebrühe
250 g festfleischiges Fischfilet (z. B. Kabeljau, Rotbarsch)
Salz
Pfeffer
½ TL Tandoori Masala (ersatzweise Garam Masala oder Currypulver)
100 g Sahne
2 Stängel Koriander oder Petersilie (nach Belieben)
2 TL Schwarzkümmel

Zubereitung

1 Den Blumenkohl putzen, waschen und in kleine Stücke schneiden. Die Kartoffeln waschen, schälen und klein würfeln. Die Zwiebel schälen und hacken.

2 1 EL Rapsöl in einem Topf erhitzen und das Gemüse darin 2 Minuten unter Rühren anbraten. Mit Currypulver bestäuben und 1 Minute weiterbraten. Die Gemüsebrühe angießen, zum Kochen bringen und das Gemüse zugedeckt bei mittlerer Hitze 10 Minuten köcheln lassen.

3 Inzwischen den Fisch kalt abspülen, mit Küchenpapier trocken tupfen, in etwa 3 × 5 cm große Stücke schneiden, mit Salz, Pfeffer und Tandoori Masala würzen.

4 1 EL Öl in einer beschichteten Pfanne erhitzen und die Fischstücke darin bei mittlerer bis großer Hitze auf jeder Seite 2 Minuten braten. Dann den Fisch auf der ausgeschalteten Herdplatte nachziehen lasen, bis die Suppe fertig ist.

5 Die Sahne zur Suppe geben und diese mit dem Stabmixer fein pürieren, mit Salz und Pfeffer abschmecken. Nach Belieben Koriander oder Petersilie waschen und trocken schütteln, die Blätter abzupfen und fein hacken. Die Suppe auf zwei tiefe Schalen verteilen, den Fisch hineinsetzen. Mit Schwarzkümmel und Petersilie oder Koriander bestreuen.

Linsen-Spargel-Salat mit Feta

Zubereitungszeit: 45 Minuten
Eine Portion enthält: 578 kcal (2420 kJ), 23 g Eiweiß, 33 g Fett, 44 g Kohlenhydrate, 11 g Ballaststoffe

Zutaten für 2 Personen

80 g Berglinsen
200 g grüner Spargel
100 g Feldsalat
1 kleiner Apfel (ca. 100 g)
100 g blaue Weintrauben
30 g Mandeln
80 g Schafskäse (Feta)
3 EL Olivenöl
Salz
Pfeffer
3 EL Orangensaft
1 TL Ahornsirup

Zubereitung

1 Die Linsen in einem kleinen Topf mit Wasser bedecken, zum Kochen bringen und bei kleiner bis mittlerer Hitze 35–40 Minuten garen.

2 Inzwischen den Spargel waschen, von holzigen Enden befreien, im unteren Drittel schälen und in etwa 5 cm lange Stücke schneiden. Den Feldsalat verlesen, putzen, waschen und trocken schleudern. Den Apfel waschen, vierteln, vom Kerngehäuse befreien und quer in dünne Scheiben schneiden. Die Trauben waschen und halbieren.

3 Die Mandeln grob hacken und nach Belieben in einer Pfanne ohne Fett rösten, bis sie anfangen zu duften, auf einem Teller abkühlen lassen. Den Schafskäse mit einer Gabel in Stücke bröckeln.

4 In der Pfanne 1 EL Öl erhitzen und die Spargelstücke darin bei großer Hitze 4 Minuten anbraten, dann die Hitze reduzieren und den Spargel 4–5 Minuten weiterbraten, bis er bissfest ist. Mit Salz und Pfeffer würzen.

5 Für das Dressing Orangensaft, 2 EL Olivenöl, Ahornsirup, Salz und Pfeffer in einer Tasse verquirlen. Die Linsen in ein Sieb abgießen und abtropfen lassen. Linsen, Spargel, Apfel, Trauben und Feldsalat in einer Schüssel mit dem Dressing gründlich vermischen. Den Salat mit Salz und Pfeffer abschmecken und mit Mandeln und Schafskäse bestreuen.

KALTE HAUPTGERICHTE

Mediterraner Nudelsalat

Zubereitungszeit: 25 Minuten
Eine Portion enthält: 649 kcal (2716 kJ), 27 g Eiweiß, 38 g Fett, 47 g Kohlenhydrate, 6 g Ballaststoffe

Zutaten für 2 Personen

100 g kurze Vollkornnudeln (z. B. Spirelli)
Salz
200 g Kirschtomaten
1 Glas Artischockenherzen (165 g Abtropfgewicht)
50 g grüne und schwarze Oliven
120 g Mini-Mozzarellakugeln
2 Stängel Basilikum
4 getrocknete Snacktomaten
30 g geriebener Parmesan
1 EL Aceto balsamico bianco
2 EL Olivenöl
1 TL getrockneter Thymian
Pfeffer

Zubereitung

1 Die Nudeln in kochendem Salzwasser nach Packungsanweisung al dente garen. Inzwischen die Kirschtomaten waschen und vierteln. Die Artischocken in ein Sieb abgießen und nach Belieben kleiner schneiden. Die Oliven in Ringe schneiden. Mozzarella abgießen und die Kugeln vierteln. Basilikum waschen und die Blätter abzupfen.

2 Die Nudeln in ein Sieb abgießen, dabei eine Tasse Kochwasser auffangen. Pasta kalt abschrecken und abtropfen lassen.

3 Die Snacktomaten grob würfeln und zusammen mit Parmesan, Aceto balsamico, Öl, Thymian, 100 ml Nudelkochwasser, Salz und Pfeffer in einen hohen Rührbecher geben und mit dem Pürierstab fein pürieren.

4 Pasta, Kirschtomaten, Artischocken, Oliven und Mozzarella in einer Schüssel mit dem Dressing mischen. Wenn der Salat zu trocken ist, noch etwas Nudelkochwasser untermischen. Den Salat mit Basilikumblättern garnieren und genießen.

Rote-Bete-Buchweizen-Salat mit Ziegenkäse

Zubereitungszeit: 25 Minuten
Eine Portion enthält: 551 kcal (2307 kJ), 16 g Eiweiß, 34 g Fett, 39 g Kohlenhydrate, 8 g Ballaststoffe

Zutaten für 2 Personen

60 g Buchweizenkörner
400 g Rote Bete (vorgegart, vakuumiert)
30 g Rucola
2 EL Walnusskerne
150 g Ziegenfrischkäse
1 EL Zitronensaft
½ TL abgeriebene Bio-Zitronenschale
3 EL Olivenöl
1 TL flüssiger Honig
½ TL getrockneter Thymian
Salz
Pfeffer

Zubereitung

1 Buchweizen und 150 ml Wasser in einem kleinen Topf zum Kochen bringen und bei kleiner Hitze zugedeckt 15 Minuten garen.

2 Inzwischen die Rote Bete in dünne Scheiben schneiden und auf zwei Tellern auslegen. Rucola verlesen, von groben Stielen befreien, waschen und trocken schleudern. Die Walnüsse grob hacken und nach Belieben in einer Pfanne ohne Fett rösten, bis sie anfangen zu duften.

3 Buchweizen bei Bedarf abgießen und auflockern. Rucola, Buchweizen und Ziegenfrischkäse in Flöckchen auf der roten Bete verteilen. Mit Walnüssen bestreuen.

4 Zitronensaft und -schale, Olivenöl, Honig, Thymian, 4 EL Wasser, Salz und Pfeffer in einer Tasse verquirlen und die Salate damit beträufeln.

Taboulé mit Zitronenjoghurt

Zubereitungszeit: 25 Minuten
Eine Portion enthält: 357 kcal (1493 kJ), 12 g Eiweiß, 14 g Fett, 43 g Kohlenhydrate, 8 g Ballaststoffe

Zutaten für 2 Personen

100 g Couscous
1 Mini-Gurke
2 Tomaten
1 Frühlingszwiebel
½ Bund Petersilie
1 Stängel Minze
½ Bio-Zitrone
2 EL Olivenöl
¼ TL Kreuzkümmel
Salz
Pfeffer
150 g Joghurt (3,5 % Fett)

Zubereitung

1 Den Couscous in eine Schüssel geben, mit 100 ml kochendem Wasser übergießen und zugedeckt quellen lassen.

2 Inzwischen die Gurke waschen und putzen. Die Tomaten waschen, halbieren und von den Stielansätzen befreien. Die Frühlingszwiebel putzen und waschen. Alle drei Zutaten in sehr kleine Würfel schneiden.

3 Petersilie und Minze waschen, trocken schütteln, die Blätter abzupfen und sehr fein hacken. Die Zitronenhälfte heiß waschen, abtrocknen, die Schale fein abreiben und den Saft auspressen.

4 Couscous, Gurke, Tomaten, Frühlingszwiebel, Kräuter, Zitronensaft und Olivenöl in einer Schüssel mischen und mit Kreuzkümmel, Salz und Pfeffer würzen.

5 Joghurt und Zitronenschale in einer Schüssel glatt verrühren, salzen und pfeffern. Taboulé auf zwei Tellern anrichten und mit dem Zitronenjoghurt toppen.

TOPPING-TIPP Wenn du mit dem Taboulé noch mehr gesunde Fette tanken möchtest, streust du noch 2 EL gehackte und geröstete Mandeln über den erfrischenden Salat oder servierst ein paar Oliven dazu.

Brokkoli-Apfel-Salat mit Räuchertofu und Mandeln

Zubereitungszeit: 15 Minuten
Eine Portion enthält: 483 kcal (2022 kJ), 33 g Eiweiß, 30 g Fett, 17 g Kohlenhydrate, 11 g Ballaststoffe

Zutaten für 2 Personen

400 g Brokkoli
Salz
1 Apfel (ca. 100 g)
30 g Mandeln
200 g Räuchertofu
1 EL Aceto balsamico bianco
2 EL Leinöl
1 TL Dijonsenf
Pfeffer

Zubereitung

1 Den Brokkoli in kleine Röschen teilen. Den Stiel schälen und in 1 cm große Würfel schneiden. Salzwasser in einem Topf zum Kochen bringen und Brokkoliröschen und -stielwürfel 5 Minuten blanchieren. Abgießen, dabei etwa 100 ml Kochwasser auffangen. Brokkoli kalt abschrecken, in ein Sieb abgießen und abtropfen lassen.

2 Den Apfel waschen, vierteln, vom Kerngehäuse befreien und quer in dünne Scheiben schneiden. Die Mandeln grob hacken und in einer Pfanne ohne Fett bei mittlerer Hitze rösten, bis sie anfangen zu duften. Auf einem Teller abkühlen lassen. Den Räuchertofu mit einer Gabel in kleine Stücke bröckeln.

3 Für das Dressing 50 ml Brokkolikochwasser, Aceto balsamico, Leinöl, Senf, Salz und Pfeffer in einer Tasse verquirlen.

4 Brokkoli und Apfel in einer Schüssel mit dem Dressing mischen. Wenn der Salat zu trocken ist, noch etwas Brokkolikochwasser untermischen. Den Salat mit Salz und Pfeffer abschmecken und auf zwei Teller verteilen. Salat mit Räuchertofu und Mandeln bestreuen.

Tomaten-Nektarinen-Salat mit Burrata

Zubereitungszeit: 15 Minuten
Eine Portion enthält: 530 kcal (2221 kJ), 14 g Eiweiß, 32 g Fett, 44 g Kohlenhydrate, 10 g Ballaststoffe

Zutaten für 2 Personen

½ Topf Basilikum
3 EL Olivenöl
½ TL abgeriebene Bio-Zitronenschale
Salz
Pfeffer
2 EL Pinienkerne (nach Belieben)
250 g Kirschtomaten
2 Nektarinen (à ca. 150 g; ersatzweise Mango)
¼ rote Zwiebel
1 Kugel Burrata (ca. 100 g; ersatzweise Büffelmozzarella)
2 Scheiben Vollkornbrot (à ca. 50 g)

Zubereitung

1 Die Basilikumblätter von den Stielen zupfen und waschen. Ein paar Blätter für die Deko beiseitelegen, den Rest in den Standmixer oder in einen hohen Rührbecher geben. Olivenöl, 4 EL Wasser, Zitronenschale, Salz und Pfeffer dazugeben und im Standmixer oder mit dem Pürierstab fein pürieren.

2 Nach Belieben Pinienkerne in einer Pfanne ohne Fett rösten, bis sie anfangen zu duften.

3 Die Tomaten waschen und vierteln. Die Nektarinen, waschen, halbieren, entsteinen und in schmale Spalten schneiden. Die Zwiebel schälen und in feine Streifen schneiden. Tomaten, Nektarinen und Zwiebelstreifen in einer Schüssel mischen und mit der Hälfte des Pestos mischen.

4 Den Salat auf zwei Teller verteilen. Die Burrata halbieren und mittig auf den Salat setzen. Den Salat mit dem restlichen Pesto beträufeln und mit den Pinienkernen bestreuen. Mit den übrigen Basilikumblättern garnieren. Das Brot zum Salat servieren.

Gefüllte Paprikaschiffchen

Zubereitungszeit: 20 Minuten
Eine Portion enthält: 352 kcal (1473 kJ), 23 g Eiweiß, 10 g Fett, 38 g Kohlenhydrate, 10 g Ballaststoffe

Zutaten für 2 Personen

2 rote Spitzpaprika
1 Mini-Gurke
1 Frühlingszwiebel
2 Stängel Petersilie
50 g Gouda
200 g Magerquark
Salz
Pfeffer
8 Pumpernickeltaler (à ca. 9 g)

Zubereitung

1 Die Paprika waschen, längs halbieren und von Kernen und weißen Trennwänden befreien. Die Stiele gerne dranlassen.

2 Für die Füllung die Gurke waschen, putzen und in 5 mm große Würfel schneiden. Die Frühlingszwiebel putzen, waschen und in feine Ringe schneiden. Die Petersilie waschen und trocken schütteln, die Blätter abzupfen und fein hacken. Den Gouda in kleine Würfel schneiden.

3 Gurke, Frühlingszwiebel, Petersilie, Gouda und Quark in einer Schüssel mischen und mit Salz und Pfeffer abschmecken. Die Füllung in die Paprikahälften füllen und zusammen mit je 2 Pumpernickeltalern auf zwei Tellern anrichten.

TOPPING-TIPP Wenn du die Paprikaschiffchen mit gehackten Kürbiskernen bestreust oder mit etwas Kürbiskernöl beträufelst, versorgst du dich noch zusätzlich mit wertvollen Fettsäuren.

Asiatischer Glasnudelsalat mit Hackfleisch

Zubereitungszeit: 35 Minuten
Eine Portion enthält: 689 kcal (2884 kJ), 26 g Eiweiß, 43 g Fett, 45 g Kohlenhydrate, 7 g Ballaststoffe

Zutaten für 2 Personen

50 g Reisbandnudeln
400 g Möhren
1 kleine rote Chilischote
2 Frühlingszwiebeln
1 Stück Ingwer (2 cm lang)
1 Knoblauchzehe
1 EL Rapsöl
200 g Rinderhackfleisch
2 TL Garam Masala
3 EL Sojasauce
2 EL Limettensaft
2 TL Ahornsirup
2 EL geröstetes Sesamöl
2 EL geröstete, gesalzene Erdnusskerne
4 Stängel Koriander

Zubereitung

1 Die Reisbandnudeln nach Packungsangabe garen, in ein Sieb abgießen und kalt abschrecken.

2 Inzwischen die Möhren putzen und schälen. Die Hälfte davon mit einem Spiralschneider in spaghettifeine Streifen schneiden, den Rest fein raspeln. Die Chilischote waschen, längs halbieren, entkernen und fein würfeln. Die Frühlingszwiebeln putzen, waschen und in feine Ringe schneiden. Ingwer und Knoblauch schälen und fein reiben.

3 In einer Pfanne das Rapsöl erhitzen und das Hackfleisch darin krümelig braten. Ingwer, Knoblauch, Chiliwürfel, geraspelte Möhren, das Weiße der Frühlingszwiebeln und Garam Masala dazugeben und 2 Minuten mitbraten. Dann den Pfanneninhalt mit 1 EL Sojasauce ablöschen. Auf der ausgeschalteten Herdplatte stehen lassen.

4 2 EL Sojasauce, Limettensaft, Ahornsirup und Sesamöl in einer Tasse verquirlen. Nudeln, Hackfleischmischung und Möhrenspaghetti in einer Schüssel mit dem Dressing mischen.

5 Die Erdnusskerne grob hacken. Koriander abbrausen, trocken schütteln und hacken. Den Salat mit Erdnüssen und Koriander bestreuen.

Caesar Salad mit Hähnchen

Zubereitungszeit: 25 Minuten
Eine Portion enthält: 351 kcal (1470 kJ), 35 g Eiweiß, 13 g Fett, 20 g Kohlenhydrate, 7 g Ballaststoffe

Zutaten für 2 Personen

1 Scheibe Vollkornbrot (ca. 60 g)
1 Hähnchenbrustfilet (ca. 200 g)
Salz
2 EL Olivenöl
2 Romanasalatherzen
200 g Kirschtomaten
1 Knoblauchzehe
30 g Parmesan
100 g griechischer Joghurt (10 % Fett)
1 TL mittelscharfer Senf
Pfeffer

Zubereitung

1 Das Vollkornbrot in 1 cm große Würfel schneiden und in einer Pfanne ohne Fett anrösten, bis es schön knusprig ist. Auf einem Teller abkühlen lassen.

2 Das Hähnchenbrustfilet kalt abspülen, mit Küchenpapier trocken tupfen und salzen. 1 EL Olivenöl in einer beschichteten Pfanne erhitzen und das Hähnchenbrustfilet darin bei großer Hitze 4–5 Minuten rundherum anbraten, sodass es gebräunt ist. Das Filet bei kleiner bis mittlerer Hitze noch 10 Minuten sanft weitergaren.

3 Romanasalat vom Strunk befreien, in Streifen schneiden, waschen und trocken schleudern. Die Tomaten waschen und vierteln.

4 Für das Dressing den Knoblauch schälen und fein hacken, den Parmesan fein reiben. Knoblauch, Parmesan, Joghurt, 1 EL Öl, Senf, 50 ml Wasser, Salz und Pfeffer in einer Salatschüssel verrühren. Romanasalatstreifen und Tomaten dazugeben und gut untermischen.

5 Das Hähnchenbrustfilet mit Pfeffer übermahlen und quer in Scheiben schneiden. Den Salat auf zwei Teller verteilen, die Hähnchenbrust darauf anrichten und mit den Croûtons bestreuen.

Rinderschinken-Carpaccio mit gebratenen Pilzen

Zubereitungszeit: 20 Minuten
Eine Portion enthält: 455 kcal (1907 kJ), 41 g Eiweiß, 24 g Fett, 15 g Kohlenhydrate, 2 g Ballaststoffe

Zutaten für 2 Personen

200 g Rinderschinken in dünnen Scheiben (ersatzweise Bresaola)
300 g Kräuterseitlinge
50 g Rucola
3 EL Olivenöl
Salz
Pfeffer
½ TL getrockneter Thymian
1 EL Aceto balsamico
1 TL Dijonsenf
1 TL Ahornsirup
1 TL Sesam
2 Grissini (gerne Vollkorn)
20 g Parmesanspäne

Zubereitung

1 Den Schinken auf zwei großen Tellern überlappend auslegen. Die Kräuterseitlinge putzen und längs in Scheiben schneiden. Rucola verlesen, von groben Stielen befreien, waschen und trocken schütteln.

2 1 EL Öl in einer beschichteten Pfanne erhitzen und die Pilze darin bei mittlerer bis großer Hitze auf beiden Seiten anbraten, bis sie leicht gebräunt sind. Mit Salz, Pfeffer und Thymian würzen und in der Pfanne warm halten.

3 2 EL Olivenöl, Aceto balsamico, Senf, Ahornsirup, Sesam, Salz und Pfeffer in einer Tasse mit einer Gabel verquirlen.

4 Pilze und Rucola auf dem Schinken-Carpaccio verteilen, mit dem Dressing beträufeln und mit Pfeffer übermahlen.

5 Die Grissini in kleine Stücke brechen und die Carpaccio-Teller mit Grissini-Croûtons und Parmesanspänen bestreuen.

Melonen-Schinken-Spieße

Zubereitung

1 Das Melonenstück schälen, von den Kernen befreien, zuerst in 2 cm breite Spalten und dann in 4 cm lange Stücke schneiden. Die Schinkenscheiben je nach Größe halbieren oder ganz lassen. Die Brotscheiben je einmal längs und einmal quer halbieren.

2 1 EL Öl in einer beschichteten Pfanne erhitzen und die Brotstücke darin auf beiden Seiten anbraten, bis sie leicht gebräunt und etwas knusprig sind.

3 Auf jeden Spieß je ein Achtel von Melone und Schinken abwechselnd aufspießen und mit einem Brotstück abschließen. Die Spieße auf Tellern anrichten, mit 1 EL Olivenöl beträufeln und mit Pfeffer übermahlen.

Zubereitungszeit: 15 Minuten
Eine Portion enthält: 366 kcal (1534 kJ), 18 g Eiweiß, 18 g Fett, 32 g Kohlenhydrate, 4 g Ballaststoffe

Zutaten für 2 Personen

300 g Galia- oder Cantaloupe-Melone (geputzt gewogen)
100 g Parma- oder Serranoschinken in dünnen Scheiben
2 Scheiben Vollkornbrot (à ca. 60 g)
2 EL Olivenöl
Pfeffer

Außerdem

8 Holzspieße (10 cm lang)

Matjes-Rote-Bete-Salat mit Pumpernickel

Zubereitungszeit: 15 Minuten
Eine Portion enthält: 408 kcal (1709 kJ), 23 g Eiweiß, 19 g Fett, 28 g Kohlenhydrate, 8 g Ballaststoffe

Zutaten für 2 Personen

1 kleine Zwiebel
2 Essiggurken plus 3 EL Gurkensud
400 g Rote Bete (vorgegart, vakuumiert)
250 g Matjesfilets
50 g Joghurt
½ TL geriebener Meerrettich (aus dem Glas)
Salz
Pfeffer
½ Beet Kresse
4 Pumpernickeltaler (à ca. 9 g)

Zubereitung

1 Die Zwiebel schälen, vierteln und quer in dünne Streifen schneiden. Die Essiggurken klein würfeln. Rote Bete in 1 cm große Würfel schneiden. Die Matjesfilets in 1 cm breite Streifen schneiden. Die vorbereiteten Zutaten in eine Schüssel geben.

2 Joghurt, Meerrettich, Gurkensud, Salz und Pfeffer in einer Tasse verrühren. Das Dressing zur Rote-Bete-Matjes-Mischung in die Schüssel geben und gut unterheben.

3 Die Kresse vom Beet schneiden, in einem Sieb abbrausen und abtropfen lassen. Den Salat bei Bedarf mit Salz und Pfeffer abschmecken, auf zwei Tellern anrichten, mit der Kresse bestreuen und zusammen mit den Pumpernickeltalern servieren.

FÜR MEHR MILDE Du magst den Geschmack von Meerrettich nicht? Kein Problem, dann tausch ihn einfach gegen 1 TL süßen Senf.

Lachs-Spinat-Rolle auf Blattsalat

Zubereitungszeit: 40 Minuten
Backzeit: 15 Minuten
Ruhezeit: 2 Stunden
Eine Portion enthält: 508 kcal (2127 kJ), 37 g Eiweiß, 31 g Fett, 20 g Kohlenhydrate, 3 g Ballaststoffe

Zutaten für 4 Personen

200 g Babyspinat
4 Eier, Größe M
Salz
Pfeffer
80 g zarte Haferflocken
50 g milder Bergkäse
½ Bio-Zitrone
200 g Skyr
300 g geräucherter Lachs in Scheiben
150 g Pflücksalat
1 Stängel Dill
4 EL Olivenöl
1 EL flüssiger Honig
1 TL Dijonsenf

Zubereitung

1 Den Backofen auf 160 °C vorheizen und ein Backblech mit Backpapier belegen. Den Spinat waschen und trocken schleudern.

2 Eier, Spinat, Salz und Pfeffer in einen hohen Rührbecher geben und alles mit dem Pürierstab durchmixen. Die Haferflocken unterrühren. Den Käse reiben. Die Spinat-Eier-Masse auf einem Backblech verteilen. Das entstandene Rechteck mit dem Käse bestreuen und im heißen Ofen (Mitte) 12–15 Minuten backen, bis die Eier gestockt sind.

3 Inzwischen die Zitronenhälfte heiß waschen, abtrocknen, die Schale abreiben und 2 EL Saft auspressen. Skyr, Zitronenschale, Salz und Pfeffer in einer Schale glatt verrühren. Kalt stellen.

4 Die fertige Spinatplatte aus dem Ofen holen und abkühlen lassen, dann vorsichtig vom Backpapier lösen. Die Platte mit dem Skyr bestreichen, mit 1 EL Zitronensaft beträufeln und mit dem Räucherlachs belegen, dann von der breiten Seite her so eng wie möglich aufrollen. Die Rolle in Frischhaltefolie einrollen, an den Seiten gut verschließen und 2 Stunden im Kühlschrank ruhen lassen.

5 Inzwischen für den Salat den Pflücksalat waschen und trocken schleudern. Den Dill waschen und trocken schütteln, die Spitzen abzupfen und fein hacken.

6 1 EL Zitronensaft, Olivenöl, Honig, Senf, Dill, Salz und Pfeffer in einer Tasse mit einer Gabel verquirlen. Vor dem Servieren Pflücksalat und Dressing in einer Schüssel mischen und auf vier Teller verteilen. Die Spinat-Lachs-Rolle in 2 cm breite Scheiben schneiden und diese auf den Salatportionen anrichten.

TOPPING-TIPP Hanfsamen sind ein tolles Knuspertopping für dieses leckere Gericht. 1 EL obendrauf gestreut lässt dich wertvolle Proteine, B-Vitamine, Vitamin E, Kalzium, Magnesium, Eisen und Ballaststoffe tanken.

Lachs-Frischkäse-Dip mit Gemüse- und Brotsticks

Zubereitungszeit: 15 Minuten
Eine Portion enthält: 464 kcal (1941 kJ), 24 g Eiweiß, 19 g Fett, 41 g Kohlenhydrate, 12 g Ballaststoffe

Zutaten für 2 Personen

100 g geräucherter Lachs
1 Frühlingszwiebel
2 Stängel Dill
100 g Frischkäse
100 g Magerquark
Salz
Pfeffer
2 Möhren
1 rote Paprika
1 Mini-Gurke
2 Scheiben Vollkornbrot (à ca. 60 g)

Zubereitung

1 Den Lachs grob würfeln. Die Frühlingszwiebel putzen, waschen und in Ringe schneiden. 2 EL vom dunklen Grün für die Deko beiseitelegen. Dill waschen, trocken schütteln und die Dillspitzen von den Stielen zupfen.

2 Frischkäse, Quark, Lachs, übrige Frühlingszwiebelringe und Dill in einen hohen Rührbecher oder in einen Standmixer geben und mit dem Pürierstab oder im Mixer fein pürieren. Den Dip mit Salz und Pfeffer abschmecken.

3 Möhren putzen, schälen und längs vierteln oder achteln. Paprika waschen, längs halbieren, von Kernen und weißen Trennwänden befreien und längs in 1–2 cm dicke Streifen schneiden. Die Gurke putzen, waschen und längs achteln. Die Brotscheiben toasten und längs in 2 cm breite Streifen schneiden.

4 Den Dip in einer Schale anrichten, mit den Deko-Frühlingszwiebelringen bestreuen und zusammen mit Gemüse- und Brotsticks zum Dippen servieren.

Bohnen-Thunfisch-Salat mit Kartoffeln

Zubereitungszeit: 20 Minuten
Garzeit: 30 Minuten
Eine Portion enthält: 382 kcal (1269 kJ), 44 g Eiweiß, 11 g Fett, 23 g Kohlenhydrate, 7 g Ballaststoffe

Zutaten für 2 Personen

200 g vorwiegend festkochende Kartoffeln
Salz
300 g grüne Bohnen (TK)
1 rote Zwiebel
4 Stängel Petersilie
2 Dosen Thunfisch in Wasser (à ca. 140 g Abtropfgewicht)
2 EL Weißweinessig
100 ml Gemüsebrühe
2 EL Rapsöl
Pfeffer

Zubereitung

1 Die Kartoffeln in einen Topf geben, mit Wasser bedecken, aufkochen und zugedeckt bei kleiner bis mittlerer Hitze etwa 30 Minuten garen.

2 Inzwischen in einem zweiten Topf Salzwasser zum Kochen bringen und die Bohnen darin 4 Minuten blanchieren. In ein Sieb abgießen, kalt abschrecken und abtropfen lassen. Die Zwiebel schälen, vierteln und quer in feine Streifen schneiden. Petersilie waschen und trocken schütteln, die Blätter abzupfen und fein hacken. Den Thunfisch abgießen und mit einer Gabel in Stücke zupfen.

3 In einer Schüssel Essig, Brühe, Rapsöl, Salz und Pfeffer verrühren. Bohnen, Zwiebelstreifen, Petersilie und Thunfisch dazugeben und alles gut mischen.

4 Die Kartoffeln abgießen, kurz ausdampfen lassen, pellen, in dicke Scheiben oder Spalten schneiden und unter den Salat mischen. Den Salat 2 Stunden durchziehen lassen, nochmals mit Salz und Pfeffer abschmecken und noch etwas Wasser oder Brühe untermischen, wenn er zu trocken geworden ist. Den Salat auf zwei Tellern anrichten.

FÜR DEN LUNCH TO GO Diesen Salat kannst du perfekt am Abend vorher vorbereiten, in eine Lunchbox oder ein großes Schraubglas füllen und am nächsten Tag als Proviant mit in die Arbeit nehmen. Wertvolles Eiweiß aus dem Thunfisch und die Ballaststoffe in den Bohnen machen richtig satt, aber ohne Völlegefühl. Und die Kartoffeln sorgen mit ihren Kohlenhydraten für den Energieschub nach der Mittagspause.

SÜSSES & DESSERTS

Power Balls

Zubereitungszeit: 20 Minuten
Ein Stück enthält: 81 kcal (341 kJ),
2 g Eiweiß, 3 g Fett,
12 g Kohlenhydrate, 2 g Ballaststoffe

Zutaten für 36 Stück

200 g getrocknete Datteln
200 g getrocknete Feigen
200 g getrocknete Aprikosen
100 g Mandeln
100 g zarte Haferflocken
50 ml Apfelsaft
35 g Kokosraspel

Zubereitung

1 Datteln, Feigen und Aprikosen in grobe Stücke schneiden und durch den Fleischwolf drehen oder portionsweise mit dem Pürierstab pürieren.

2 Die Mandeln fein mahlen und zusammen mit Haferflocken, Apfelsaft und Kakao unter die Trockenfrüchte heben, bis eine homogene Masse entstanden ist.

3 Mit einem Teelöffel Portionen von der Masse abstechen und mit leicht angefeuchteten Händen zu walnussgroßen Kugeln formen. Die Power Balls in den Kokosraspeln wälzen.

VORRAT FÜR JEDEN TAG In einer Vorratsdose im Kühlschrank sind die Kugeln mindestens zwei Wochen haltbar.

Cheesecake im Glas

Zubereitungszeit: 15 Minuten
Durchziehzeit: über Nacht
Eine Portion enthält: 202 kcal (845 kJ), 16 g Eiweiß, 4 g Fett, 24 g Kohlenhydrate, 3 g Ballaststoffe

Zutaten für 4 Gläser

40 g Vollkorn-Butterkekse
40 g zarte Haferflocken
8 EL Milch (3,5 % Fett)
200 g Himbeeren (frisch oder aufgetaute TK-Beeren)
500 g Skyr
½ TL gemahlene Vanille
1 TL abgeriebene Bio-Zitronenschale
2 EL Ahornsirup

Zubereitung

1 Die Butterkekse in einen Gefrierbeutel geben und mit dem Fleischklopfer zu groben Bröseln klopfen, mit den Haferflocken mischen und auf vier Gläser (à 250 ml) verteilen. Jede Portion mit je 2 EL Milch beträufeln.

2 Die Himbeeren kalt abbrausen und vorsichtig mit Küchenpapier abtrocknen. Die Hälfte der Himbeeren pürieren.

3 Skyr, Vanille, Zitronenschale und Ahornsirup glatt verrühren und die Hälfte davon auf der Brösel-Haferflocken-Mischung in den Gläsern verteilen. Das Himbeerpüree einschichten, dann die restliche Creme daraufgeben. Die Cheesecakes mit den übrigen Himbeeren garnieren und über Nacht im Kühlschrank durchziehen lassen.

Zubereitungszeit: 15 Minuten
Eine Portion enthält: 481 kcal (2013 kJ), 6 g Eiweiß, 27 g Fett, 22 g Kohlenhydrate, 11 g Ballaststoffe

Zutaten für 4 Personen

80 g Bitterschokolade (mindestens 85 % Kakao)
2 Avocados
1 Banane
2 EL Limettensaft
50 ml Milch (3,5 % Fett)
1 EL Ahornsirup
1 EL Kakao
200 g Himbeeren

Avocado-Mousse-au-Chocolat mit Himbeeren

Zubereitung

1 Die Schokolade über einem heißen Wasserbad schmelzen. Inzwischen die Avocados halbieren, entkernen und das Fruchtfleisch aus den Schalen lösen. Banane schälen und grob würfeln.

2 Avocadofruchtfleisch, Banane, Schokolade, Limettensaft, Milch, Ahornsirup und Kakao in einen hohen Rührbecher oder in den Standmixer geben und mit dem Pürierstab oder im Mixer fein pürieren.

3 Die cremige Mousse auf vier weite Gläser verteilen. Die Himbeeren verlesen, abbrausen und vorsichtig mit Küchenpapier abtrocknen. Auf der Mousse verteilen und nach Belieben mit etwas Kakaopulver bestäuben.

Quarkküchlein mit Apfelmark

Zubereitungszeit: 35 Minuten
Eine Portion enthält: 365 kcal (1528 kJ), 20 g Eiweiß, 11 g Fett, 45 g Kohlenhydrate, 3 g Ballaststoffe

Zutaten für 4 Personen

4 Äpfel
1 TL Zimtpulver
500 g Magerquark
2 Eigelb
40 g + 1 TL Zucker
Salz
120 g Weizenmehl (Type 1050)
3 EL Öl zum Braten

Zubereitung

1 Für das Apfelmark die Äpfel vierteln, schälen, vom Kerngehäuse befreien und zusammen mit 250 ml Wasser in einem Topf zum Kochen bringen. Die Äpfel zugedeckt bei mittlerer Hitze kochen lassen, bis sie zerfallen, mit einer Gabel zu Mus zerdrücken oder mit dem Pürierstab pürieren und mit ½ TL Zimt würzen. Beiseitestellen und abkühlen lassen.

2 Quark, Eigelbe, 40 g Zucker, eine Prise Salz und das Mehl in einer Rührschüssel mit den Knethaken des Handrührgeräts verkneten. Den Teig auf die bemehlte Arbeitsfläche geben, mit etwas Mehl bestäuben, in acht Portionen teilen und diese mit bemehlten Händen zu runden Küchlein formen.

3 Das Öl in einer großen beschichteten Pfanne erhitzen und die Küchlein darin – eventuell portionsweise – bei mittlerer Hitze auf beiden Seiten je 2–3 Minuten goldbraun braten.

4 Die fertigen Küchlein auf vier Tellern anrichten, mit 1 TL Zucker und ½ TL Zimt bestreuen und zusammen mit dem Apfelmark genießen.

WENN ES SCHNELL GEHEN SOLL Für Eilige kann statt selbst gemachtem Apfelmark auch ein fertiges Produkt aus dem Glas eine tolle Alternative sein. Achte aber darauf, dass es sich um ein Fruchtmark handelt. Nur dann ist kein zugesetzter Zucker enthalten. Du bekommst Fruchtmark im gut sortierten Supermarkt oder im Bioladen.

Ricotta-Milchreis mit Zwetschgenkompott

Zubereitungszeit: 35 Minuten
Eine Portion enthält: 248 kcal (1035 kJ), 8 g Eiweiß, 8 g Fett, 37 g Kohlenhydrate, 3 g Ballaststoffe

Zutaten für 4 Personen

100 g Naturreis
250 ml Milch (3,5 % Fett)
Salz
25 g Zucker
250 g Zwetschgen
½ TL Zimtpulver oder gemahlene Vanille
125 g Ricotta
1 EL gemahlener Mohn

Zubereitung

1 Reis, Milch, eine Prise Salz und 20 g Zucker in einem Topf zum Kochen bringen, dann den Reis zugedeckt bei kleiner Hitze in ca. 35 Minuten ausquellen lassen. Zwischendurch immer wieder umrühren.

2 Inzwischen die Zwetschgen waschen, halbieren, entsteinen und zusammen mit 75 ml Wasser und 5 g Zucker in einem Topf zum Kochen bringen. Die Zwetschgen bei kleiner Hitze zugedeckt 10 Minuten köcheln lassen. Dann mit Zimt oder Vanille würzen und etwas abkühlen lassen.

3 Wenn der Reis gar ist, Ricotta und Mohn unterrühren. Den Milchreis auf vier Schalen verteilen und mit dem Zwetschgenkompott toppen.

VOLLES KORN – NUSSIGER GESCHMACK Naturreis hat mehr Biss als herkömmlicher Rundkornreis. Trotzdem funktioniert die Milchreis-Garmethode auch wunderbar mit der Vollkornvariante und der Milchreis bekommt sogar einen leicht nussigen Geschmack. Wenn dir die Umstellung auf 100 Prozent Vollkorn am Anfang zu extrem ist, kannst du auch Natur- und Milchreis mischen und mit jedem Mal den Naturreisanteil erhöhen.

Muster-Wochenplan

Der folgende Wochenplan soll dazu dienen, dir dein Projekt „Ernährungsumstellung“ zu erleichtern. Du weißt, was du an welchen Tagen essen möchtest und kaufst dementsprechend ein. Ein Heißhungerloch, in dem du wahllos zu irgendetwas Essbarem greifst, gibt es dann nicht mehr.

Du kannst die Mahlzeiten so planen, dass sie gut in den jeweiligen Tag passen. An stressigen Tagen suchst du dir Rezepte aus, die schnell auf dem Tisch stehen oder sich schon am Vortag zubereiten lassen. Wähle Rezepte, die dir schmecken und auf die du dich freust.

TAGESZEIT	MONTAG	DIENSTAG	MITTWOCH
Morgens	Gewürz-Porridge mit Obst 407 kcal	Gewürz-Porridge mit Obst 407 kcal	Vollkornbrot mit Radieschen-Schnittlauch-Quark 322 kcal
Mittags	Zucchinibratlinge mit Joghurt-Dip 588 kcal 1 Power Ball 81 kcal	Thunfisch-Bowl Nizza-Style 585 kcal Cheesecake im Glas 202 kcal	Pasta alla Norma 522 kcal 1 Power Ball 81 kcal
Abends	Brokkoli-Apfel-Salat mit Räuchertofu und Mandeln 483 kcal	Gefüllte Paprikaschiffchen 352 kcal	Rote-Bete-Buchweizen-Salat mit Ziegenfrischkäse 551 kcal
Kalorien	**1559 kcal**	**1546 kcal**	**1476 kcal**
Getränke	1,5–2 l zuckerfreie Getränke	1,5–2 l zuckerfreie Getränke	1,5–2 l zuckerfreie Getränke
Bewegung	eine Runde um den Block	eine Runde um den Block	eine Runde um den Block

In meinem Musterplan sind die Kalorien so verteilt, dass du bei etwa 1500 kcal am Tag landest – eine ganz gute Menge, wenn du nicht nur deinen Blutzucker in den Griff bekommen, sondern gleichzeitig auch ein paar Kilos verlieren möchtest.

Über die Woche verteilt bietet der Musterplan bunte Gemüsesorten mit zwei Fischgerichten und zwei Fleischgerichten. Natürlich kannst du Gerichte, die dir nicht zusagen, austauschen. Es spielt auch keine Rolle, wenn du zwei warme oder zwei kalte Hauptmahlzeiten am Tag isst.

Der Plan soll zu dir und deinen Vorlieben passen. Denn nur so ist deine neue Ernährungsform keine kurzfristige Diät, sondern wird zu einem genussvollen Dauerbrenner.

DONNERSTAG	FREITAG	SAMSTAG	SONNTAG
Vollkornbrot mit Radieschen-Schnittlauch-Quark 322 kcal	Vanille-Skyr mit Pfirsichen 403 kcal	Vanille-Skyr mit Pfirsichen 403 kcal	Omelett mit Tomaten-Wildkräuter-Salat 419 kcal
Chili sin carne mit Avocado-Topping 715 kcal	Raclette-Kartoffeln mit Pilzen und Ei 545 kcal	Winterliche Gemüsesuppe 469 kcal Milchreis mit Zwetschgenkompott 248 kcal	Gemüse-Rahm-Geschnetzeltes mit Naturreis 545 kcal
Caesar Salad 351 kcal	Mediterraner Nudelsalat 649 kcal	Lachs-Frischkäse-Dip mit Gemüse- und Brotsticks 464 kcal	Tomaten-Nektarinen-Salat mit Burrata 530 kcal
1388 kcal	**1597 kcal**	**1584 kcal**	**1494 kcal**
1,5–2 l zuckerfreie Getränke	1,5–2 l zuckerfreie Getränke	1,5–2 l zuckerfreie Getränke	1,5–2 l zuckerfreie Getränke
eine Runde um den Block	eine Runde um den Block	eine Runde um den Block	eine Runde um den Block

Rezeptregister

Frühstück

Warme Hauptgerichte

Kalte Hauptgerichte

Süßes & Desserts

Diabetes erfolgreich in Schach halten

Stand 2024. Änderungen vorbehalten.

Dr. Andrea Flemmer

Ich helfe mir selbst – Diabetes

144 Seiten, Softcover
15,5 x 21,0 cm
ISBN 978-3-86910-694-6
€ 19,99 (D) / € 20,60 (A)

Der Ratgeber ist auch als eBook erhältlich.

humboldt
...bringt es auf den Punkt.

Bibliografische Information der Deutschen Nationalbibliothek
Die Deutsche Nationalbibliothek verzeichnet diese Publikation in der deutschen Nationalbibliografie; detaillierte bibliografische Daten sind im Internet über http://dnb.ddb.de/ abrufbar.

ISBN 978-3-8426-3184-7 (Print)
ISBN 978-3-8426-3185-4 (PDF)
ISBN 978-3-8426-3186-1 (EPUB)

Abbildungen:
Titelmotiv: Stock.adobe.com / zoryanchik; Shutterstock / Bukharova Liia
Foto auf der U2: Grandel Werbefotografie
Stock.adobe.com: Виктория Попова: 1; Pixel-Shot: 6/7; New Africa: 20/21; JenkoAtaman: 22; sergign: 53 (Bildhintergrund); evgenia sh: 53 (Kreis oben links); PhotoSG: 53 (Kreis oben rechts); Dušan Zidar: 53 (Kreis in der Mitte); Alexander Raths: 53 (Halbkreis unten); zoryanchik: 57, 129; epiximages: 63; ricka_kinamoto: 65; 5ph: 69; lilechka75: 71; A_Lein: 73, 141, 169; fahrwasser: 75; Doris Heinrichs: 79; O.B.: 81; fortyforks: 83; Harald Walker: 85; scerpica: 87; Melima: 91; karepa: 93; FomaA: 95, 131; HLPhoto: 97, 111, 113, 153; annabell2012: 101; Sunny Forest: 103; Svetlana Kolpakova: 105; marychka: 107; Marco Mayer: 109, 115; Ari: 117; okkijan2010: 119; Ilia Nesolenyi: 121; Jacek Chabraszewski: 123, 135; Sprea Collection: 125; panu101: 126; lblinova: 137; Nadia: 139; Nickola_Che: 143; elenarui: 145; Yevgeniya Shal: 147; grinchh: 149; photo4passion.at: 155; la_vanda: 157; Angelika Heine: 159; Inga: 161; anna-pustynnikova: 163; Yevgeniya Shal: 165; myviewpoint: 167

Originalausgabe

Die Ratgebermarke der Schlütersche Fachmedien GmbH
Hans-Böckler-Allee 7, 30173 Hannover
www.humboldt.de
www.schluetersche.de

Aus Gründen der besseren Lesbarkeit wurde in diesem Buch entweder die männliche und/oder weibliche Form gewählt, nichtsdestoweniger beziehen sich Personenbezeichnungen gleichermaßen auf Angehörige des männlichen und weiblichen Geschlechts sowie auf Menschen, die sich keinem Geschlecht zugehörig fühlen.
Autorin und Verlag haben dieses Buch sorgfältig erstellt und geprüft. Für eventuelle Fehler kann dennoch keine Gewähr übernommen werden. Weder Autorin noch Verlag können für eventuelle Nachteile oder Schäden, die aus in diesem Buch vorgestellten Erfahrungen, Meinungen, Studien, Therapien, Methoden und praktischen Hinweisen resultieren, eine Haftung übernehmen. Insgesamt bieten alle vorgestellten Inhalte und Anregungen keinen Ersatz für eine medizinische und/oder individuelle ernährungsphysiologische Beratung, Betreuung und Behandlung.

Lektorat: Linda Strehl, wort & tat, München
Layout: Groothuis, Lohfert, Consorten, Hamburg
Covergestaltung: ZERO Werbeagentur, München
Satz: Die Feder · Werbeagentur GmbH, Wetzlar
Druck und Bindung: Gutenberg Beuys Feindruckerei GmbH, Langenhagen